V

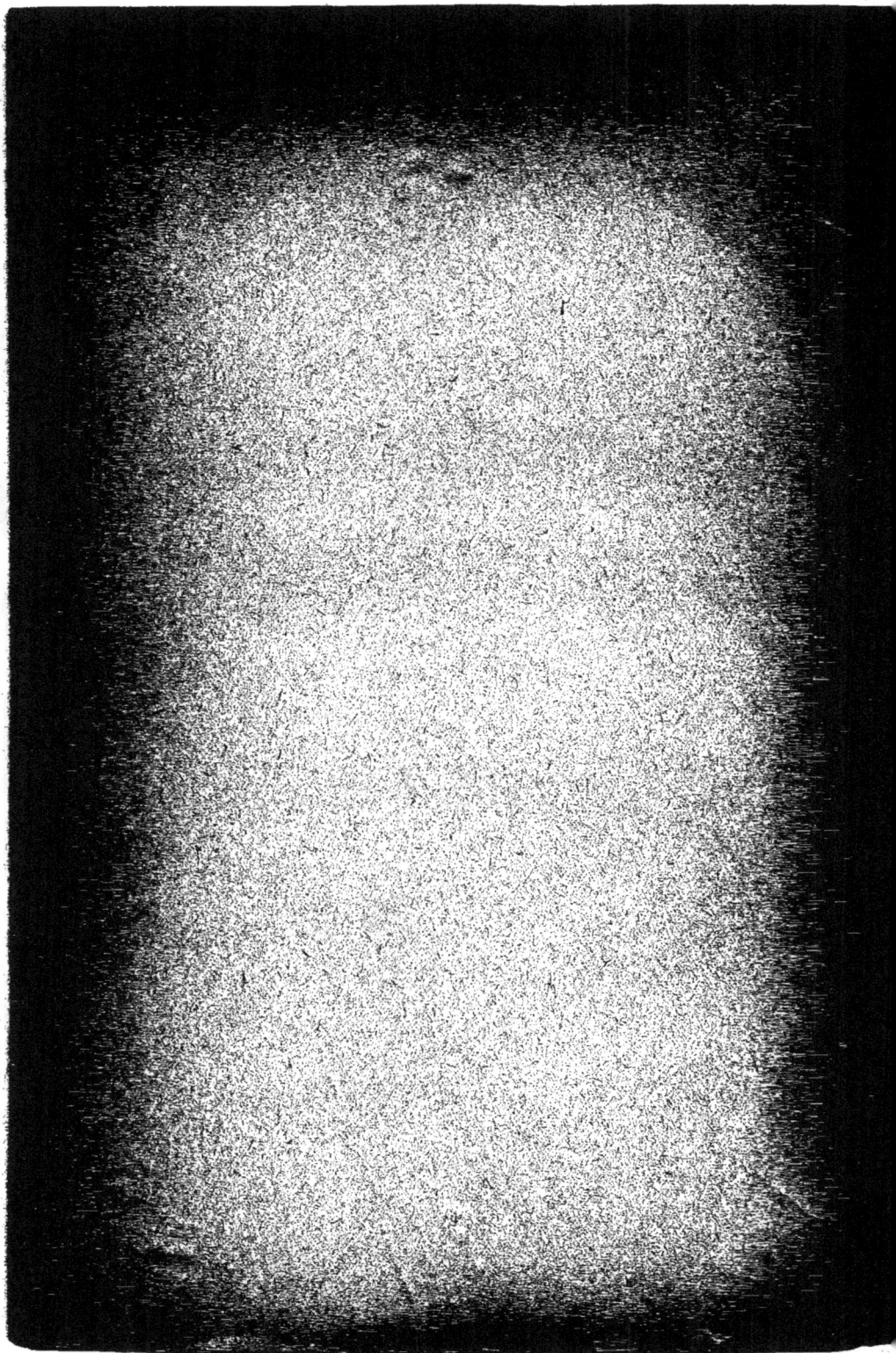

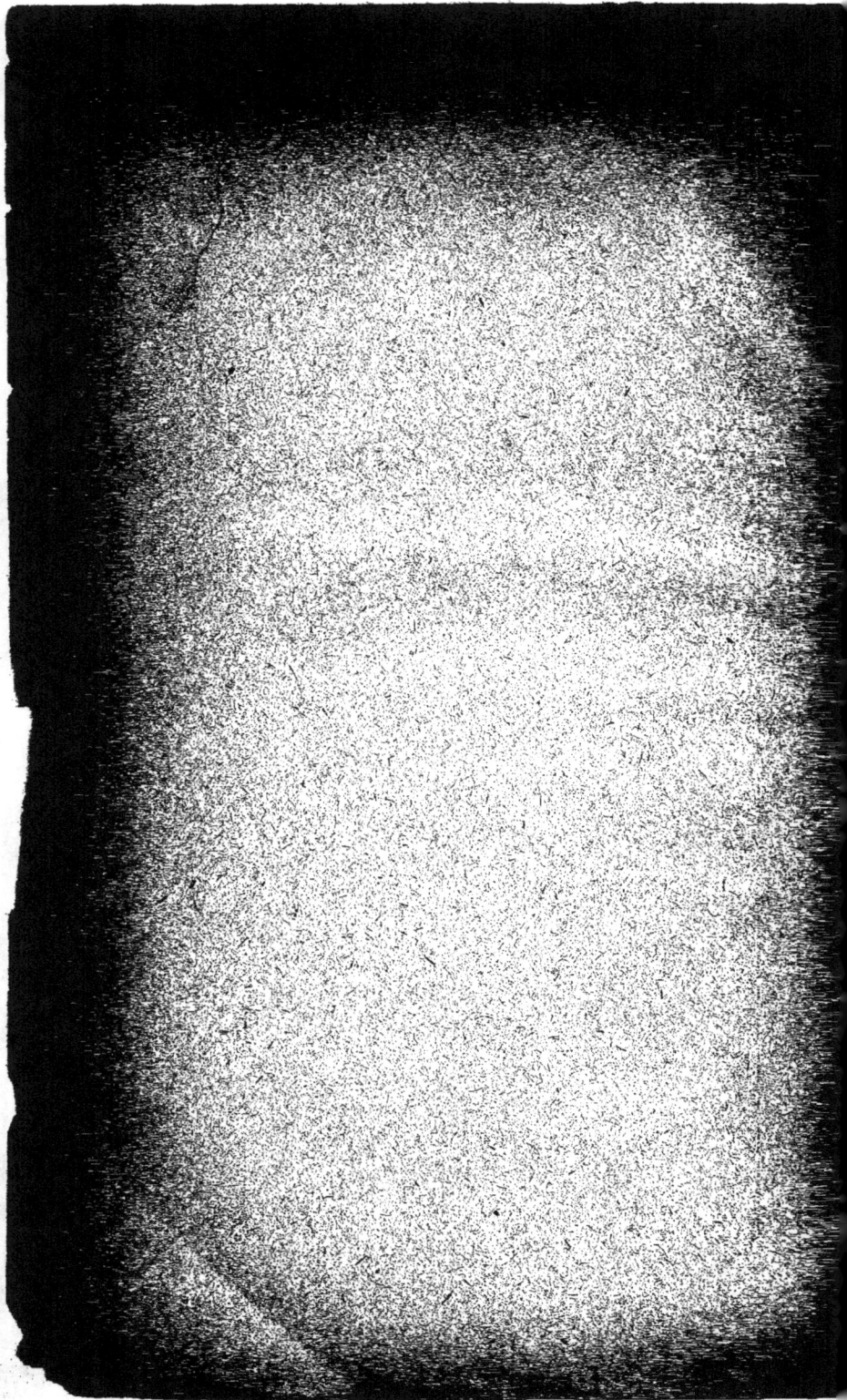

MÉMOIRE

UN PROJET DE DISTRIBUTION D'EAU A MADRID (1)

PAR

MM. Eugène FLACHAT et E. LORENTZ.

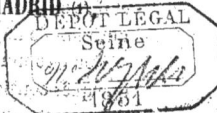

Neuf compagnies industrielles puisent chaque jour dans la Tamise et dans la Léa deux cents millions de litres d'eau pour la consommation de Londres ; un capital énorme a été consacré aux travaux de dérivation, acquisitions des terrains, établissement de machines, réservoirs, bassins de filtration, conduites et tuyaux.

Et cependant la commission générale de salubrité (2) vient de se prononcer pour l'abandonnement complet des eaux de la Tamise et de la Léa ; elle propose de dériver à Londres les eaux de drainage des terrains d'alluvion qui avoisinent la métropole, et de lui fournir ainsi des eaux plus pures.

Tant il est vrai que l'insalubrité de l'air, des habitations, des habitudes, les conditions diététiques, la plus grande délicatesse des tempéraments, la souillure des eaux de pluie, tout concourt, dans les grandes villes, à donner une importance sans rivale à la qualité des eaux qui y sont distribuées !

Madrid, appelée, pour subvenir aux besoins de ses habitants,

---

(1) Ce projet émane de MM. les Ingénieurs Rafo et de Ribera, qui l'ont élaboré à la demande du gouvernement espagnol.

Un rapport sur ce travail a été demandé à M. Flachat, par M. de Grimaldi, consul général d'Espagne ; cet ingénieur s'est associé M. Lorentz, dont la collaboration lui a permis d'entrer dans les développements que nécessitait l'étude d'une entreprise aussi importante.

(2) Dans l'intervalle qui s'est écoulé entre la présentation de notre rapport (décembre 1849) et son impression, le gouvernement anglais a publié un travail remarquable de la commission de salubrité, sur l'alimentation de Londres. Cette publication, qui date de 1850, nous a fourni quelques renseignements et chiffres dont nous avons enrichi notre rapport.

à faire un choix entre des eaux de diverses natures et entre les divers systèmes propres à les mener dans la cité, devra, selon nous, se préoccuper tout d'abord de la *bonne qualité* de l'eau, et de son *abondance* ensuite ; ces deux conditions dominent la question de dépense.

Nous sommes donc tout naturellement conduits à présenter quelques considérations préliminaires et générales , nécessaires d'une part pour légitimer l'importance que nous assignons à ces deux éléments essentiels de toute distribution bien entendue, d'autre part pour déterminer les conditions auxquelles une eau peut être réputée de bonne qualité et abondante.

CONSIDÉRATIONS PRÉLIMINAIRES.

Bonne qualité de l'eau.

Nous démontrerons en premier lieu que l'eau destinée à l'alimentation d'une ville, doit être d'une seule et même qualité pour les diverses fonctions qu'elle est appelée à remplir , fonctions qui se résument ainsi :

Besoins particuliers...
{
Boisson ;
Apprêt des aliments ;
Ablutions ;
Lavage du linge ;
Bains ;
Besoins des animaux ;
Usages industriels , grands consommateurs ; force motrice (1).
Waterclosets et nettoyages intérieurs ;
Irrigations des jardins , cours et façades des maisons ;
}

(1) Dans les villes où l'eau est distribuée à pression soit naturelle, soit artificielle, sa chute peut être très-utilement appliquée aux appareils qui ne demandent qu'une force de moins de trois chevaux (à ceux surtout qui ne fonctionnent que par intermittence), tels que presses hydrauliques et à imprimer, ventilateurs, appareils à moudre, tours, soufflets, grues à fardeaux, etc.

Besoins publics :
{
Fontaines jaillissantes ;
Arrosage et ébouage des rues, places et promenades ;
Curage des égouts ;
Extinction des incendies.
}

Un simple coup d'œil sur les divers usages de l'eau attribuée aux besoins particuliers, fait voir que, sauf pour les nettoyages et irrigations, cette eau doit être de premier choix.

Nécessité d'une qualité unique et d'une bonne qualité.

Mais il est convenable, nécessaire même, que l'eau des nettoyages, tout aussi bien que celle des usages plus spécialement individuels, soit élevée jusque dans l'intérieur des maisons ; — il n'est donc point possible d'établir de distinction entre ces deux natures d'eaux, sans admettre en même temps un double système de distribution dans les maisons, de conduites souterraines et de réservoirs ou autres appareils ; en d'autres termes, sans se jeter dans des dépenses considérables et des inconvénients graves.

Ces inconvénients ont paru assez notables aux commissaires chargés, il y a un petit nombre d'années, par le parlement Anglais, de faire une enquête sur les questions de salubrité des grandes villes, pour être signalés comme l'un des motifs qui militent contre l'existence simultanée de plusieurs compagnies de distribution d'eau.

Quant au service des eaux d'édilité, auxquelles nous joindrons les eaux d'irrigations particulières, il est certain qu'il pourrait s'effectuer avec des qualités inférieures. Mais ici se présentent de nouveau, quoique moindres, les difficultés et les inconvénients des doubles distributions (1).

---

(1) Il n'est point indifférent, d'ailleurs, même pour les ébouages et arrosages des rues, de faire usage d'eaux renfermant des matières animales ou végétales ; l'évaporation de pareilles eaux est nuisible à la santé publique.

Voici du reste, sur les alimentations avec eaux de diverses natures, les conclusions des membres de la Commission de salubrité (*Report on the supply of water to the metropolis*, 1850 :

« Les dépenses qu'occasionne une semblable séparation sont une objec-

Ce qui achève de condamner de semblables séparations, c'est que l'eau d'édilité, c'est-à-dire l'eau des diverses fontaines, est en même temps l'eau du pauvre, c'est là que vont se pourvoir ceux qui ne peuvent payer; l'humanité aussi bien que la justice prescrivent de les alimenter avec de bonne eau.

On ne saurait donc établir de catégories pour l'eau destinée aux divers usages d'une ville, et nous devons admettre que, sauf force majeure, elle doit, tout entière, présenter les caractères qui la rendent propre aux besoins les plus directement individuels, tels que la boisson, l'apprêt des aliments, le blanchissage. Or il est facile de démontrer que pour remplir ces importantes fonctions, l'eau doit être fraîche, limpide, incolore, insapide, inodore, et surtout ne donner à l'évaporation qu'un faible résidu, dans la composition duquel les sels les plus nuisibles ne figurent qu'en proportion pour ainsi dire inappréciable.

Traits caractéristiques d'une bonne qualité.

Fraîcheur.

L'eau doit être fraîche en effet; car tiède, elle affaiblit l'estomac et trouble la digestion. La fraîcheur est une qualité si essentielle, qu'elle permet de digérer une eau d'assez pauvre qualité, tandis que la tiédeur rend la meilleure eau nauséabonde et indigeste.

Nous ne saurions trop insister sur ce point, intéressant pour tous pays, mais qui devient d'une suprême importance, d'une nécessité impérieuse dans les pays chauds. On sait qu'un des rôles essentiels de l'eau, c'est la réparation des pertes que le sang éprouve dans ses parties séreuses, pertes qui acquièrent une grande valeur dans une atmosphère sèche et chaude. A Madrid, les habitants font peu usage de boissons fermentées, alcooliques, et des préparations de toutes natures auxquelles s'adonnent les peuples des contrées plus septentrio-

---

» tion grave. Si l'on peut se procurer suffisamment de bonne eau pour tous les usages, la séparation ne présente aucun avantage, tandis qu'il y en a de grands à se servir exclusivement d'eau de bonne qualité. »

hales (1); mais par contre, ils boivent fréquemment de grandes
quantités d'eau pure. Dans ces conditions, les hommes deviennent exigeants pour la qualité de l'eau; ils le deviennent par
goût et par hygiène.

Consultée en 1838 par le préfet du Rhône, au sujet de l'alimentation de Lyon, une commission d'hommes spéciaux et de
savants a fixé à 15° centigrades la température que l'eau
ne pouvait dépasser sans danger ou du moins sans de graves inconvénients; mais pour être agréable à boire, surtout dans
une ville comme Madrid, où les habitants sont accoutumés à
trouver beaucoup de fraîcheur dans l'eau qu'ils consomment,
elle ne saurait avoir plus de 10°.

La fraîcheur de l'eau est d'ailleurs nécessaire à diverses préparations industrielles (2), utile à la condensation des machines
à vapeur; enfin, dans les égouts, elle retarde, si elle ne prévient
pas complétement, la décomposition des matières organiques.

La fraîcheur de l'eau doit être naturelle, car il n'est guère possible de ramener à une basse température de l'eau échauffée par
un long parcours ou un long séjour sous les rayons du soleil.

En effet, l'on ne peut rafraîchir l'eau que de deux manières :

1° En la faisant séjourner dans des réservoirs souterrains;
mais, pour de grandes quantités d'eau, il faudrait, soit des souterrains énormes où elle pût se reposer très-longtemps, soit des
souterrains très-multipliés; car l'eau en masse conserve sa tem-

---

(1) Boire de l'eau est utile en tous climats et notamment chez les nations
qui, comme les Anglais, vivent principalement de nourriture animale. Mais la
mauvaise qualité de l'eau, si générale en Angleterre, éloigne les classes pauvres de cette boisson et contribue beaucoup à l'intempérance qui leur est re-
prochée.

La réponse invariable faite par les individus des classes pauvres de certains
districts de Londres, lors de l'enquête, fut « qu'ils ne pouvaient boire d'eau,
» qu'elle était trop sale et leur faisait mal. » (Voir le rapport, déjà cité, sur l'alimentation de Londres.)

(2) A Londres, les brasseurs et d'autres grands consommateurs ne reculent
devant aucune dépense et notamment le forage de puits artésiens, pour se procurer de l'eau à une température constante de 9 à 10 degrés centigrades. (*Report on the supply of the water to the metropolis, 1850.*)

pérature avec une rare énergie. Il y a donc là des difficultés pratiques et financières insurmontables ;

2° En lui faisant parcourir de longs trajets dans des conduits souterrains. Mais la difficulté d'un pareil moyen devient évidente en présence du fait suivant : à Lyon, dans un tuyau de fonte profondément souterrain et de petit diamètre, l'eau ne perdait que 2° 1/2 de sa température pendant un trajet de 1,400 mètres (1). Et cette expérience ne peut donner une idée, même approchée, de la difficulté que mettrait de l'eau, circulant en plus grand volume, à se dépouiller de sa chaleur.

À Toulouse, où l'eau de la Garonne s'infiltre souterrainement avec lenteur et dans un état de division extrême, à travers un banc d'alluvion, jusque dans des galeries placées à 4 mètres sous terre et à 40 mètres de la rivière, cette eau, disons-nous, atteint souvent, l'été, au sortir des galeries, une température de 17° centigrades, tant le rafraîchissement est difficile (2).

Nous n'insisterons ni sur l'insapidité ni sur l'état incolore et inodorant de l'eau, trois qualités évidemment nécessaires aux divers usages ménagers et industriels ; mais nous nous arrêterons davantage sur le caractère le plus essentiel de tous, la pureté chimique.

Pureté.

Divers médecins pensent que l'eau entièrement dénuée de sels, l'eau distillée, est la plus saine de toutes (3). Il en est d'autres qui prétendent au contraire que la présence du carbonate de chaux dans l'eau est nécessaire soit à l'ossification chez les enfants, soit à la nutrition osseuse chez les adultes. Quoi qu'il

(1) Expériences d'une commission scientifique constituée par le préfet du Rhône en 1838. (Voir *Des Eaux potables*, par Terme, 1843.)

(2) *Des Eaux potables*, par Terme.

(3) Sir George Staunton (*Ambassade en Chine*), nous apprend que les personnes de haut rang, dans cette contrée, ont un tel souci de la bonne qualité de l'eau, qu'elles ne la boivent que distillée.

en soit de cette assertion, on peut dire que quelque minime que soit la proportion de ce sel dans l'eau, elle est encore plus que suffisante.

Par contre, une forte proportion de carbonate ou de tout autre sel de chaux présente les plus graves et les plus nombreux inconvénients : elle nuit aux fonctions de l'estomac, produit des obstructions viscérales, diminue les sécrétions naturelles, développe la gravelle et les calculs pierreux, forme des dépôts et des incrustations dans les chaudières et les conduites, diminue le pouvoir dissolutif de l'eau, prolonge la durée de la cuisson des aliments (1), nuit à l'aspect et au goût des apprêts culinaires (2) et fait cailleboter le savon (3).

Le carbonate de chaux est la substance qui, soit en France, soit en Angleterre, se rencontre le plus fréquemment en grandes quantités. Il a été reconnu que 0^{gr},060 de cette substance par litre suffisent pour enlever à l'eau son attrait comme boisson; 0^{gr},250 la rendent impropre au blanchissage et aux ablutions; cependant, jusque 0^{gr},115 environ, on peut dire qu'une eau est admissible pour tous usages.

On n'a point encore trouvé de moyen pratique de purger de leur carbonate, de grands volumes d'eau. Le procédé du docteur

(1) On a reconnu par expérience que s'il fallait 5 1/2 minutes pour faire bouillir de l'eau distillée, il en fallait 9 1/2 pour l'eau de la Tamise, qui contient 0^{gr},229 de carbonate de chaux par litre. La cuisson des légumes dans cette dernière eau, exige une durée de 1/4 en sus. Aussi les cuisiniers de Londres amendent-ils fréquemment l'eau dont ils se servent par l'adjonction de potasse ou de soude. (Voir le rapport sur l'alimentation de Londres, déjà cité.)

(2) Le développement de l'arôme du thé en est singulièrement empêché; la commission de salubrité (Voir le rapport déjà cité) estime que par le fait de substituer à la Tamise et à la Léa des eaux de drainage ne contenant que de 1/10 à 1/3 de la quantité de carbonate en dissolution dans les eaux de ces rivières, on économisera 1/3 de la quantité de thé actuellement consommée.

(3) A Londres la dépense en savon est estimée à 125 millions de francs par an, soit 1 fr. 25 par tête; or suivant les conclusions du rapport déjà cité, la substitution d'eaux plus douces à celles de la Tamise et de la Léa, épargnera une somme égale à ce que coûte aujourd'hui toute l'eau consommée à Londres.

Clarck, qui consiste dans l'adjonction d'un lait de chaux (1), n'a point reçu la sanction de l'expérience ; il ne dispense point, d'ailleurs, d'une filtration ultérieure, il rend l'eau alcaline et il est relativement coûteux ; enfin la commission de salubrité anglaise n'a point hésité à lui préférer la dérivation d'eaux de drainage, naturellement pures, quelque coûteuse et radicale que soit une semblable résolution.

Les sulfates de chaux présentent à un degré supérieur tous les nconvénients des carbonates ; de plus, en contact avec les matières organiques de l'eau, ils produisent de l'hydrogène sulfuré qui la rend aussi malsaine que désagréable. Le chlorure de calcium est également plus nuisible que le carbonate.

En l'absence de moyens pratiques de se débarrasser de ces substances, il convient de rechercher des eaux qui, autant que possible, n'aient encore coulé que sur des terrains de transition ou granitiques, et redouter particulièrement celles qui ont circulé un certain temps sur des formations tertiaires inférieures, lesquelles, composées de calcaire grossier, de gypse et d'argile plastique, abandonnent facilement à l'eau, soit des carbonates de magnésie, soit divers sulfates, soit des chlorures de calcium et de magnésium, matières qui, pour être d'une entière innocuité, doivent n'exister dans l'eau qu'en proportion à peine perceptible.

Quant à l'air, dont la présence dans l'eau est considérée comme salubre par un grand nombre de savants, les eaux de rivières qui ont longtemps circulé à ciel ouvert n'en sont point seules détentrices ; les eaux de source ou celles des ruisseaux et rivières encore peu éloignées de leur origine, peuvent en être et en sont généralement très-suffisamment pourvues.

Limpidité.

Il nous reste à parler de la limpidité de l'eau, propriété essen-

---

(1) Ayant déterminé la quantité de bicarbonate de chaux que renferme l'eau, le docteur Clarck y ajoute un lait de chaux contenant en dissolution autant de chaux qu'il y en a dans le bicarbonate. — Le bicarbonate se transforme en protocarbonate, que l'eau ne dissout qu'en faible quantité et qui se précipite.

tielle, nous l'avons dit, dans une contrée où l'on boit beaucoup d'eau pure, nécessaire, d'ailleurs, pour les divers usages de propreté et de l'industrie.

Est-il possible de clarifier de grandes masses d'eau?

Pour répondre à cette question, nous allons passer en revue aussi rapidement que possible les principales tentatives faites dans ce but.

Elles se résument en trois systèmes :

1° La clarification par le repos; 2° par filtrage artificiel; 3° par infiltration, c'est-à-dire, filtrage naturel.

Le repos est toujours insuffisant pour la clarification; il n'aboutit qu'à l'élimination des particules les plus lourdes et les plus grossières, à moins de prolonger le stationnement pendant un temps considérable. Or, à ciel ouvert, le temps, même sous le climat du Nord, développe dans l'eau des végétations putrescibles, suivies de près par l'apparition d'animalcules infusoires; et l'on ne saurait d'autre part, sans se jeter dans d'énormes dépenses, construire les nombreux réservoirs recouverts et même souterrains qui seraient nécessaires pour que cette interminable épuration pût se faire sans inconvénient.

Clarification par repos.

Son insuffisance.

Parmi les procédés de filtrage artificiel, nous nous occuperons d'abord de celui de M. Fonvielle; il est, à notre connaissance, appliqué sur une grande échelle à Vienne et à Paris.

Filtrage artificiel.

A Vienne on a établi 32 vases clos, remplis de sable et de grés, pouvant, suivant les indications de M. Grimaud de Caux, chargé de cette installation, fournir chacun 50,000 litres en 24 heures. L'eau est introduite dans ces appareils sous une pression considérable qui active le filtrage et utilise bien toute la masse filtrante; cette pression permet en outre de faire arriver l'eau indifféremment soit par le dessus, soit par le dessous des appareils, ou simultanément dans les deux sens; dans ce dernier cas il se produit un choc qui nettoie le sable. Mais cette pression est coûteuse ; à Vienne, elle oblige d'élever l'eau, par machine à vapeur, à 90 pieds, tandis que les besoins de la distribution n'exigeraient qu'une élévation de 30 pieds ; cette surélévation est, en général, l'un des graves inconvénients du système.

A Paris, le filtrage par le procédé Fonvielle coûte à la ville 17 centimes le mètre cube(1) ; il en coûterait encore 8 (2) si l'on supprimait l'emploi du charbon, emploi fort inutile d'ailleurs, car cette substance, dont le rôle est de désinfecter, n'agit réellement qu'à la condition d'entrer dans la composition du filtre pour une proportion tellement considérable et d'être si fréquemment renouvelée, qu'elle rendrait le filtrage économiquement impossible.

En Angleterre, le procédé Fonvielle est connu sous le nom de Maurras, mais il n'a reçu que peu d'applications.

Il ne nous paraît donc point, quant à présent, propre à l'épuration de grandes masses d'eau ; ajoutons que, s'il faut en juger par Paris, il produit un liquide plus ou moins louche, suivant l'état de la rivière.

M. l'Ingénieur R. Thom, l'un des plus compétents en ces matières, chargé d'alimenter Greenock, petite ville d'Ecosse de 25,000 âmes, a employé un procédé de filtrage artificiel qui n'est pas sans analogie avec le précédent.

Il a établi trois vastes bassins filtrants ; l'eau, après s'être rendue successivement de l'un à l'autre en traversant dans chacun une couche de sable de 1m,20 d'épaisseur, est recueillie dans un réservoir de distribution.

Or, comme ces bassins sont alimentés par les eaux que fournit le drainage des collines très-élevées qui entourent la ville, il en résulte que l'on dispose d'une pression naturelle, assez

(1) *Statistique des eaux de la ville de Paris*, 1840, par M. Emmery, Inspecteur divisionnaire des Ponts et Chaussées, et Directeur de ces eaux.

(2) Lettre écrite au *Siècle*, (juillet 1841) par le Directeur de la Compagnie Française qui exploite à Paris le procédé Fonvielle.

puissante pour y faire au besoin agir l'eau en sens contraire de sa marche ordinaire. Cette faculté permet de nettoyer les masses filtrantes ; mais ce nettoyage n'est pas suffisant, et M. R. Thom assure lui-même qu'au bout d'un certain temps, assez éloigné il est vrai, les filtres sont hors d'état de service. Si ce procédé réussit jusqu'à un certain point à Greenock, c'est, en résumé, que l'on y jouit d'une pression gratuite tout-à-fait exceptionnelle, que les eaux y sont naturellement peu troubles, enfin qu'il est employé aux besoins d'une ville peu considérable.

En Angleterre, où le moyen d'épuration le plus généralement usité est le repos, moyen insuffisant quand il est seul employé, mais jusqu'à un certain point admissible sous son climat froid et humide, on pratique quelquefois un mode de filtrage artificiel, variable dans ses dispositions de détail, mais basé sur le principe que l'exemple qui suit va mettre en évidence (1) :

La Compagnie de Chelsea, l'une des neuf qui alimentent Londres, possédait en 1842 quatre vastes bassins communiquant entre eux ; l'eau, dans les deux premiers, se dépouillait par le repos de ses particules terreuses les plus grossières ; de là, elle était conduite dans le troisième bassin formé par une série de tuyaux en maçonnerie sèche, parallèles entre eux, revêtus d'une couche de sable concentrique et séparés l'un de l'autre par des intervalles ou vallées comblées avec du sable.

L'eau, introduite sur cette surface ondulée, se filtrait en traversant le sable, se rendait dans les tuyaux par les interstices de leur maçonnerie, et de là dans la bâche d'une machine à vapeur. « Quand l'eau du troisième bassin, » dit M. l'Ingénieur Hubert qui a visité cet établissement en 1842 « est entièrement » écoulée, la masse de sable reste à découvert, et des ouvriers » armés de rateaux enlèvent alors la couche superficielle sur la-

---

(1) Arago, *Rapport à l'Académie des sciences*, 1837 ; notices de M. Mallet, Ingénieur en chef des Ponts et Chaussées (1830), et de M. Hubert, Ingénieur, (1842).

» quelle les parties les plus grossières se sont arrêtées, et ils la
» remplacent par du sable propre.

» Mais il arrive un moment où ce moyen ne suffit plus; il faut
» enlever et laver toute la masse du sable, et l'on se sert alors
» du quatrième bassin tenu en réserve. »

Suivant le même Ingénieur, l'installation des filtres de cette
Compagnie a coûté un million et les frais d'entretien sont
estimés à 30,000 fr.; soit 80,000 fr. annuellement (1), pour
intérêt du capital et entretien afférents à la filtration quotidienne
de 15,000 m. c.; enfin, ce mode de filtrage donne, non pas de
l'eau filtrée, clarifiée, mais de l'eau plus ou moins louche
suivant que la Tamise est plus ou moins limoneuse, ou les
filtres plus ou moins nettoyés.

A Glasgow, dans une disposition de filtrage semblable à celle
que nous venons de décrire, on a tenté de nettoyer le sable par
le procédé suivant : on mettait successivement la partie inférieure de chacune des vallées du bassin filtrant en communication avec une pompe qui en extrayait l'eau; il en résultait que
l'eau des parties environnantes prenait la direction de la vallée
sur laquelle on opérait, et cela dans un sens contraire à celui
qu'elle avait suivi d'abord, et que le sable était ainsi nettoyé;
mais l'eau, chargée de dépôts, mettait en peu de temps la pompe
hors de service (2); c'eût été dans tous les cas coûteux.

L'écueil du filtrage artificiel, c'est de rendre obligatoire soit
le renouvellement de la masse filtrante, qui est dispendieux, soit
son nettoyage, qui est également dispendieux; car pour net-

(1) Nous lisons dans les documents de la grande enquête de 1844, que
M. Simpson évaluait ainsi les dépenses du filtre de Chelsea, pour 1840, époque
à laquelle on ne filtrait guère par jour que 11,000 m. c.
Frais d'établissement. . . . . 295,000 fr.

Frais annuels de l'élévation de l'eau sur le filtre . . . . 20,100 fr.
Frais annuels de nettoyages et réparations. 20,150
Intérêt du capital 14,750
                                                        55,000

(2) Mémoire de M. l'Ingénieur Mallet, déjà cité.

foyer il faut vaincre des résistances considérables, la substance filtrante n'opérant qu'à la condition de présenter des vaisseaux pour ainsi dire capillaires. Aussi peut-on assurer que ce mode Son insuffisance. de filtrage n'a jamais réussi qu'avec des eaux déjà limpides jusqu'à un certain degré, telles qu'on les obtient, par exemple, du drainage des terrains d'alluvion, c'est-à-dire de la collection des eaux de pluie qui glissent sur ces terrains ou les traversent, eaux auxquelles on ajoute d'ailleurs le produit de quelques sources ou ruisseaux de bonne qualité (1).

En 1834, le parlement anglais ayant fait une enquête sur la possibilité d'arriver à filtrer convenablement de grandes masses d'eau, l'avis d'ingénieurs des plus distingués (2) fut que les difficultés d'une filtration, portant sur huit à dix mille mètres cubes par vingt-quatre heures, étaient insurmontables, à moins d'énormes dépenses qui ruineraient infailliblement toutes les compagnies, si on les y obligeait.

---

(1) On estime (voir le rapport sur l'alimentation de Londres, déjà cité) que l'évaporation, la végétation et les sources absorbent environ de 40 à 50 centimètres de hauteur d'eau de pluie par an. On peut donc, au moyen du drainage, se servir, pour l'alimentation des villes, de la différence entre cette hauteur et celle qui est tombée réellement.

L'alimentation par drainage, si l'on a soin de ne point laisser l'eau circuler sur des terrains de mauvaise nature, donne généralement des eaux assez pures, passablement limpides, et offre en outre l'avantage d'assécher et d'améliorer les terrains dont elle tire sa substance.

Mais outre que ce système ne dispense point d'une filtration subséquente, il nécessite encore l'emploi de vastes réservoirs capables, en prévision des irrégularités de la pluie, de contenir la consommation de deux, trois et même quatre mois.

En Angleterre et en Écosse, toutefois, cette méthode prend tous les jours plus d'extension, et, nous l'avons dit, la commission de salubrité vient d'en proposer l'application à Londres ; on drainerait 390 kilomètres carrés de terrain d'alluvion, dans un rayon de 12 kilomètres environ ; le prix de ce drainage (capable de fournir annuellement plus de 182 millions de litres), en plus celui des réservoirs et aquéducs de collection des eaux, celui des réservoirs régulateurs et distributeurs, celui des filtres, des conduites d'eau dans la ville, achat de terrains, etc., s'élèverait à 36 millions.

(2) MM. James Mills, W. Anderson, Mills, Wickstead, W. Mylne, James Simpson et Morsland.

Infiltration.   Il nous reste à examiner le troisième système de clarification, celui où l'on procède par l'infiltration.

Il consiste à recueillir l'eau d'une rivière dans une galerie ou tunnel en maçonnerie sèche, enfouie dans le sable, parallèlement à la rivière et à un niveau au-dessous de son étiage; cette galerie étant d'ailleurs assez distante de la rivière pour que, dans le trajet, l'eau qui s'infiltre peu à peu à travers le banc d'alluvion qui sépare le cours d'eau de la galerie, ait le temps de se dépouiller de son limon et de se rafraîchir.

A Toulouse, où ce système est établi, on a été obligé, pour obtenir de l'eau en quantité suffisante, d'augmenter successivement les dimensions et le nombre des tunnels. Le premier, qui avait un mètre de profondeur au-dessous de l'étiage et une superficie d'environ 250 mètres, ne fournissant que 1,200 mètres d'eau, on porta ses dimensions à 108 mètres de longueur sur 8 mètres de largeur; mais il ne débita encore que 2,000 mètres, c'est-à-dire moitié seulement en sus, quoique sa superficie eût été ainsi quadruplée; on fut alors conduit à construire deux autres tunnels, le dernier long de 250 mètres et placé à 40 ou 50 mètres de la rivière (1). A eux trois, ces puisards n'ont jamais guère fourni au delà de 250 pouces d'eau; ajoutons que cette quantité va diminuant chaque année.

S'il est vrai, enfin, que l'eau se limpidifie de plus en plus, phénomène corrélatif avec celui de l'appauvrissement qui résulte de sa lenteur d'écoulement à travers la masse filtrante, d'un autre côté les crues de la Garonne recouvrent souvent une partie du terrain dans lequel sont placés les tunnels, et troublent les eaux infiltrées; de plus, en été, lorsque les besoins sont les plus grands, les tunnels ne fournissent que peu d'eau par suite de l'abaissement du niveau de la rivière.

A Glasgow, après avoir échoué dans une tentative de filtrage artificiel, on ouvrit, d'après les conseils du célèbre Watt, des

(1) *Des Eaux potables*, par Terme.

galeries d'infiltration. Voic ce que dit à leur égard M. l'Ingénieur R. Thom.

« On a obtenu une eau excellente pendant quelque temps ;
» mais le produit a baissé par degrés et à un tel point que l'on
» a été obligé d'y suppléer en tirant l'eau directement de la
» Clyde.

» Dernièrement, j'ai visité les travaux; j'ai conseillé d'étendre
» les galeries suivant le système de Watt ; on l'a fait et le pro-
» duit a augmenté proportionnellement ; mais certainement il
» baissera encore une fois, et l'on devra recourir alors à d'autres
» moyens pour obtenir une quantité d'eau suffisante. »

En réalité, le système par infiltration est certainement supérieur aux deux autres, en ce qu'il donne des eaux assez
limpides et passablement fraîches ; mais il n'est pas toujours
applicable; il faut pour cela que le cours d'eau offre sur ses rives
de vastes terrains d'alluvion convenablement situés, ne renfermant aucun principe capable d'altérer l'eau et à l'abri des inon-
dations. Encore toutes ces conditions si difficiles à réunir ne   Son insuffisance.
procurent-elles qu'un succès passager, car ce système ne diffère
de celui du filtrage artificiel qu'en ce que, dans le premier, on
opère sur des masses filtrantes plus considérables; cependant tôt
ou tard elles s'obstruent; on y supplée en prolongeant les galeries,
mais ce sont là des expédients auxquels il y a toujours un terme.

On avait espéré, à tort, que cette méthode donnerait les mêmes
résultats que les sources naturelles ; mais, ainsi que l'a observé
M. Arago (1) : « Pour une source artificielle, la couche filtrante
» aura toujours une étendue circonscrite, bornée; pour les eaux
» d'une source naturelle, au contraire, la clarification s'opère
» quelquefois dans des bancs de sable qui occupent des provinces
» entières et sur une eau à peine trouble.

» L'engorgement des tuyaux capillaires filtrants sera très
» rapide dans le premier cas, quoiqu'il soit lent et insensible
» dans le second. »

_____

(1) Rapport à l'Académie des sciences, 1837.

Nous pouvons le dire maintenant en toute assurance : dans l'état actuel de l'art, la clarification des eaux troubles est une utopie.

C'est pour les grandes masses d'eau un problème pour le moins aussi difficile à résoudre que celui de les rafraîchir ou d'en épurer la composition chimique.

Nous avons démontré la nécessité de n'alimenter les villes qu'avec de l'eau de bonne qualité; nous avons déterminé les caractères que doit présenter cette eau, et prouvé l'impossibilité de rectifier celles qui n'en sont pas douées naturellement; nous allons maintenant étudier l'alimentation des villes sous le rapport de l'abondance de l'eau.

Abondance de l'eau.

Nécessité de l'abondance.

Ce n'est que grâce à une grande abondance d'eau qu'il est possible d'assainir les maisons et les rues d'une ville, c'est-à-dire de combattre la boue, la poussière, la chaleur, les incendies, et provoquer cette propreté du corps, des vêtements et du logis, qui exerce une si heureuse influence sur la santé et jusque sur le moral des hommes.

Lors de l'enquête faite avec tant de solennité et de soins en 1844, sur la salubrité des villes anglaises, il y a eu unanimité pour déplorer les tristes conséquences d'une parcimonieuse distribution de l'eau, pour reconnaître qu'elle est l'une des causes principales des maladies des classes pauvres et de leur effrayante mortalité; pour affirmer enfin, d'après de nombreux exemples, que leur malpropreté influe à la vérité d'une manière fâcheuse sur leur santé, leur respect de soi-même et leur conduite, mais que cette malpropreté n'est imputable qu'à la difficulté de se procurer de l'eau, et non à ce qu'elles sont incapables d'apprécier les avantages de la propreté du corps et du ménage (1).

L'abondance de l'eau est nécessaire dans les villes froides et boueuses du Nord; elle ne l'est pas moins dans les villes du Midi, vouées à des étés longs, secs et ardents; dans ces dernières, à moins d'irrigations fréquentes, la végétation devient impossible et la circulation dans les rues pénible; on y a d'ailleurs contracté l'habitude des eaux jaillissantes.

La distribution d'un grand volume d'eau est un besoin général qui s'est traduit par les efforts constants de tous les peuples arrivés à un certain degré de civilisation; les Romains n'ont reculé devant aucune dépense, aucune difficulté, pour amener dans leurs villes des eaux abondantes et de bonne qualité, et si cette tendance a été étouffée par l'invasion des Barbares, elle s'est ranimée en Europe en même temps que les arts, les sciences et l'industrie.

Un grand nombre de villes en Europe et en Amérique ont exécuté récemment de vastes travaux pour l'alimentation des eaux, et un bien plus grand nombre encore en élaborent des projets; toutes enfin, les appellent de leurs vœux. On peut dire sans crainte de se tromper, que le besoin d'eau qu'éprouve une ville est en raison directe du degré de civilisation de ses habitants.

Mais si l'abondance de l'eau est nécessaire dans l'intérieur des murs d'une grande ville, elle trouve encore sa raison d'être dans l'utilité de vivifier de féconder la banlieue de ces villes, la campagne dont elles sont entourées. Les habitants de ces grands centres de population éprouvent un besoin irrésistible de végétation, de vue étendue, de tranquillité et d'air pur;

(1) En Angleterre, suivant l'enquête, les maisons habitées par les classes peu aisées offrent rarement des vacances lorsqu'elles reçoivent les conduites d'eau.

c'est une réaction bien naturelle qui s'est de tout temps manifestée par l'établissement de nombreuses villas autour des capitales; mais à l'époque où nous vivons, l'aisance plus généralement répandue, et la multiplication des voies et moyens de communication, multiplient à leur tour, dans une proportion considérable, ces maisons de campagne à petits loyers, petits jardins, où les familles vont passer la saison chaude, à portée des occupations qui peuvent les appeler à la ville (1). Toutes les capitales sont ou seront dans ces conditions; il faut donc se préoccuper sérieusement d'animer ces villas, de verdir ces jardins, et pour cela, il faut pouvoir disposer de grandes quantités d'eau. Avons-nous besoin d'ajouter que cette considération est surtout importante pour Madrid, dont la banlieue, dans certaines parties, offre l'aspect d'un désert, sol fécond cependant que l'eau n'aurait pas de peine à vivifier, à enrichir, mais qui, aujourd'hui, fait de la capitale de l'Espagne, au milieu de son territoire, une sorte d'oasis de pierre?

Marseille (2), qui vient de chercher à vingt lieues les eaux de la Durance, a réservé pour l'irrigation de sa banlieue une part importante du produit de son canal de dérivation.

Il ne faut pas se le dissimuler, d'ailleurs, Madrid a tout intérêt à prolonger le rayon dans lequel il lui sera possible de trouver des acheteurs pour l'eau qu'elle s'apprête à dériver à grands frais. L'alimentation de la banlieue pourra devenir un complément utile, nécessaire même au point de vue financier, car, nous le craignons, dans cette ville, comme dans beaucoup d'autres, la quantité d'eau vendue, concédée aux particuliers, restera proportionnellement faible, pendant une longue pé-

---

(1) Une partie des maisons de la Cité de Londres est, pendant toute l'année, habitée le jour seulement; les négociants qui en ont fait des comptoirs, s'y rendent le matin et les quittent le soir, transportés par ces nombreux omnibus qui desservent la banlieue de la métropole.

(2) Voir, pour ce qui concerne Marseille, les rapports faits au conseil municipal de cette ville par l'Ingénieur en chef et le maire. (1846.)

riode,encore. Cette considération demande quelques développements.

L'eau des fontaines jaillissantes, des arrosages, des éhouages,
des incendies et des curages d'égouts, en un mot l'eau d'édilité,
est partout et toujours à la charge de la communauté, et il
n'en peut guère être autrement.

Quant aux besoins particuliers, il est pour y subvenir deux
systèmes prédominants ; dans le premier, les communes ont
érigé des fontaines banales où les habitants peuvent venir puiser gratuitement; dans le second, les communes ont aban-
donné les habitants à eux-mêmes et à l'initiative de l'intérêt
privé.

En Angleterre le deuxième système est généralement en vigueur; voyons ce qui en est résulté.

Lors de l'enquête de 1844 (1) sur la salubrité publique, les commissaires ont constaté que sur 50 villes principales d'Angleterre
visitées par eux, Londres exceptée, vingt-six seulement étaient
alimentées par des Compagnies; et l'on conçoit, en effet, que les
villes seules où se trouvent un grand nombre de consommateurs, puissent offrir un intérêt rémunérateur aux capitaux nécessaires pour de semblables entreprises, capitaux grossis d'ailleurs par de forts droits de concession et par les prix exorbitants
qu'on leur fait payer pour les terrains. Encore si toutes les
maisons recevaient l'eau, dans ces villes ainsi favorisées! mais il
n'en est point ainsi : en moyenne c'est 1 maison sur 2 ou 3; à
Birmingham, 8,000 maisons sur 40,281; à Newcastle, 1,350
sur 15,000, soit 1 sur 12 ; à Shields 1 sur 20; à Gates-
head, 1 sur 29. Les Compagnies évitent les quartiers et
les rues habités par les pauvres ; et comment, en effet,
pourraient-elles placer leurs conduites et tuyaux dans des quar-

---

(1) Voir, pour ce qui concerne cette enquête, les divers *Reports of the com-
missioners for inquiring into the state of large towns and populous
districts (1845)*.

tiers où elles ne sont point certaines d'une rémunération suffisante pour l'augmentation de capital que ces travaux nécessitent?

Pour les pauvres, elles établissent un certain nombre de fontaines, où elles vendent l'eau à raison de cinq centimes pour des quantités variables dans les limites de 30 à 60 litres environ, prix plus élevé que celui des concessions qui, à la vérité, n'exigent pas de dépenses de perception aussi considérables ; quelquefois elles ne leur délivrent l'eau qu'aux réservoirs mêmes ; enfin elles ne débitent le plus souvent l'eau que par intermittence. Or, si les concessionnaires munis de réservoirs ou citernes éprouvent eux-mêmes, par ce fait, de très-graves inconvénients, que dire des pauvres, qui sont obligés d'être à heure fixe à la fontaine, d'y attendre, d'y lutter souvent pour avoir leur tour et de remplir d'eau tous leurs ustensiles, pour être pourvus tant bien que mal jusqu'au prochain écoulement!

Londres, avec ses neuf Compagnies de distribution d'eau, est, on le sait, généralement proposée pour modèle par tous ceux qui se sont occupés de projets d'alimentation ; il est certain que Londres est une des villes d'Europe où la proportion des maisons abonnées est la plus considérable, ce qui tient non-seulement à ce qu'on n'y trouve aucune eau gratuite, mais encore à ce que l'eau des puits et citernes y est tout particulièrement infectée par des infiltrations souterraines, et celle de pluie singulièrement salie par la fumée et la malpropreté des toits. Ces conditions sont éminemment favorables au développement du système exclusif de distribution vénale : aussi, les inconvénients de ce système, s'il en présente dans la métropole de l'Angleterre, y sont-ils plus significatifs qu'ailleurs ; — or, voici quelle est la situation des classes pauvres dans cette capitale.

Un certain nombre de maisons (1), et ce sont des maisons

_____

(1) 17,456 maisons sur 288,000, soit 6 0/0, en moyenne, se trouvent dans ces pernicieuses conditions. Mais dans certains quartiers populeux, cette proportion s'élève à 18 0/0. (Voir le rapport déjà cité.)

occupées par de pauvres gens, ne consomme pas une goutte de l'eau distribuée par les Compagnies; leurs habitants s'alimentent au moyen de puits et même de puisards, infectés par les transsudations des fosses et des égouts. Les classes pauvres, d'ailleurs, ne sont pas beaucoup mieux partagées quand elles habitent des maisons abonnées.

Et, d'abord, les eaux de la Tamise et de la Léa sont naturellement impures, et, pendant les crues, elles sont peuplées d'animalcules visibles; la plupart des Compagnies ne filtrent pas l'eau et se contentent de la laisser reposer (1) ; l'une d'elles la puise en un point où elle est souillée par les égouts. Toutes ces impuretés sont aggravées par l'intermittence du service, qui n'a lieu qu'une fois en vingt-quatre heures (2). Souvent forcés d'aller quérir leur eau à une fontaine commune à tout un passage, à toute une ruelle, les habitants pauvres la recueillent dans des cruches, baquets, tonneaux, où elle séjourne exposée à l'air malsain des chambres d'habitation et se vicie. Si l'eau vient directement jusqu'aux maisons, elle est entreposée dans des citernes souterraines, où elle se vicie également sous l'influence des infiltrations des fosses et des égouts, et où elle est souvent si souillée, que les habitants ne s'en servent que pour laver, mendiant ou volant le reste, ou bien l'achetant directement aux réservoirs des Compagnies (3).

Enfin, l'une des conséquences du régime intermittent, c'est un coulage, une perte d'eau véritablement énorme, d'où résulte que les habitants de Londres sont loin de jouir, en réalité, de la quantité d'eau qu'on s'imagine communément leur être dis-

---

(1) 7 sur 9 sont dans ce cas. (Voir le rapport déjà cité.)

(2) Il y a peu de mois que Londres n'était encore alimentée que trois fois par semaine et deux heures chaque fois.

(3) Voici dans quels termes les commissaires de salubrité (rapport déjà cité) parlent des nombreux échantillons d'eau trouble, souillée, et animée d'infusoires, qui furent présentés à leurs inspecteurs : « C'est dans ces conditions que l'eau « est *généralement* consommée par les pauvres. »

tribuée et qu'ils souffrent d'une véritable insuffisance (1).

Dans les vingt-quatre villes que les Compagnies n'ont point entrepris d'alimenter, c'est pis encore. Neuf seulement d'entre elles renferment des maisons qui reçoivent directement de l'eau et une maison seulement, sur 4 ou 5 en moyenne, y jouit de cet avantage. Les quinze autres ne présentent rien de semblable; parmi elles, il en est plusieurs où il n'existe aucune circulation d'eau; les habitants y ont recours directement à la rivière, aux puits, aux sources, aux eaux de pluie.

Quand il y a des distributions, elles sont gérées soit par des administrations locales, qui n'ont pas assez de pouvoir entre les mains pour en faire une bonne répartition, soit par des particuliers, qui sont préoccupés avant tout de leur intérêt propre.

Bristol, en y comprenant Clifton, renferme 130,000 habitants; sur ce nombre 5,000 seulement reçoivent l'eau dans leurs maisons.

Sauf quelques rares exceptions, l'eau dans ces villes est insuffisante quand elle n'y est pas gaspillée; les pauvres en manquent; ils s'alimentent aux puits, aux pompes, aux réservoirs d'eau pluviales, directement aux sources et aux rivières au prix de longs trajets et de grandes fatigues. La qualité de l'eau qu'ils consomment est d'ailleurs généralement mauvaise. Souvent, ils ont recours à la charité des voisins; d'autres fois, ils l'achètent aux porteurs d'eau au prix moyen d'environ cinq centimes pour quinze litres.

Il existe cependant, dans certaines villes Anglaises, quelques fontaines où l'eau se débite gratuitement aux frais de l'administration locale, ou en vertu des largesses de quelques particuliers; mais c'est un cas rare et exceptionnel.

En France et dans quelques autres contrées, telles que l'Amérique du Nord, c'est le système opposé qui a prévalu : si les classes aisées n'y ont pas pour l'eau les facilités, les commodités qu'elles rencontrent en Angleterre, en revanche, quand il y a

(1) Moitié des 200 millions de litres délivrés par les réservoirs des Compagnies, est ainsi gaspillée. (Voir le rapport déjà cité.)

circulation d'eau, elle est généralement débitée gratuitement aux classes pauvres par des fontaines et des bornes-fontaines publiques. Il en est ainsi à Paris, où dix-sept cent quatre-vingt-quatre bornes-fontaines débitent chacune un litre par seconde pendant trois heures chaque jour, indépendamment de vingt-trois fontaines monumentales qui distribuent chaque jour 13,000 m. c. A Marseille, huit cents bornes fontaines mettront gratuitement à la disposition du public plus de 13,000 mètres cubes par jour, soit 74 litres pour chaque habitant; à Vienne en Autriche, l'eau élevée du Danube est distribuée gratuitement à 400 fontaines publiques ; à New-York, où il y avait 600 bornes-fontaines gratuites en 1844, ce nombre a été augmenté depuis ; à Philadelphie il y a même générosité.

On objecte à ce système qu'il est doublement onéreux pour la communauté; que si, d'une part, il met à sa charge l'alimentation des classes pauvres, d'autre part il est à craindre que l'attrait de la gratuité n'arrête le placement des concessions.

Nous ne saurions, quant à nous, partager cette crainte : ce n'est pas en réalité la gratuité qui s'oppose à l'achat de l'eau, c'est la misère.

Quand bien même il n'y aurait dans une ville aucune distribution gratuite, le pauvre se restreindra, il mendiera l'eau, il la puisera dans les puits et aux pompes, quelque malsaine qu'elle soit d'ailleurs ; il prendra des habitudes de malpropreté et d'intempérance, mais il ne paiera pas.

Le propriétaire, par négligence quelquefois, mais le plus souvent, effrayé par la dépense de premier établissement et le prix très-élevé des abonnements, qui est nécessairement la conséquence d'un débit restreint (1), ne prendra point de concession.

Dans les villes d'Angleterre où il n'y a pas d'eau gra-

_____

(1) Les Compagnies, en Angleterre, faute d'un nombre suffisant d'abonnés dans la même rue ou le même quartier, ne font généralement que des bénéfices nuls ou presque nuls; pour s'efforcer de rétablir l'équilibre, elles font payer non pas ce que valent leurs services, mais ce qu'elles peuvent obtenir; d'où des taxes irrationnelles et d'une diversité incroyable.

tuite et où les distributions existent de longue date, une maison seulement sur une moyenne générale de 3 à 4 maisons, devient concessionnaire ; c'est que l'Angleterre est un pays de fortunes inégales ; tandis que, malgré une véritable profusion d'eau gratuite, Philadelphie en 1844 avait déjà placé 25,816 concessions sur 40,000 maisons ; New-York, qui venait à peine de dériver le Croton, 6,000 sur 30,000. Ne pouvons-nous pas d'ailleurs citer Paris, où 5,000 concessions ont été prises sur 29,526 maisons(1), malgré leur cherté quand elles sont d'eau de Seine (le minimum de l'abonnement est de 100 francs annuels pour deux hectolitres et demi, par jour, d'eau le plus souvent trouble et chaude en été), et malgré leur usage plus borné quand elles sont servies avec les eaux notoirement inférieures de l'Ourcq (2).

Et cependant nous ne nous dissimulons pas les inconvénients sérieux de l'eau gratuite.

Non-seulement elle induit les municipalités en de fortes dépenses, non-seulement son transport dans les ménages, confié généralement aux bras des femmes, exerce une influence fâcheuse sur leur santé, mais encore elle est chère : le temps et la peine sont de l'argent (3).

(1) Le chiffre des concessions nous a été indiqué par M. Mary ; celui des maisons est tiré d'un rapport au ministre sur le pavage et macadamisage, par M. Darcy.

(2) Le produit de l'eau vendue à Paris par la municipalité, est, suivant une lettre du préfet de la Seine (voir *Des Eaux potables, 1843*), de plus de 900,000 f. ; il se compose du produit des concessions d'eau de Seine dont nous avons indiqué le prix, de celui des concessions d'eau de l'Ourcq, qui coûtent 75 fr. par an pour 15 hectolitres quotidiens ; enfin de celui des fontaines marchandes où l'eau est vendue aux porteurs d'eau à raison de 0 f. 09 par hectolitre.

La Société récemment formée, à Paris, pour la construction de bains et lavoirs publics, se propose de creuser un puits artésien (dont le coût moyen serait à Paris de 6,000 francs, suivant M. Degousée, tandis qu'à Londres le coût de semblables travaux s'est élevé à 6, 7, 8 et 12,400 fr. pour les brasseries de cette ville), dans tous ses établissements, composés chacun de quatre-vingt-quatre places à laver et douze baignoires, et cela afin d'éviter la dépense de l'eau concédée par la ville, qui s'élèverait annuellement à 3,000 fr.

(3) Voici le résumé d'un calcul que nous trouvons dans le rapport déjà cité des commissaires de salubrité :

Soit une famille vivant au 3e ou 4e étage et consommant journellement le vo-

Des deux systèmes en vigueur, l'un en Angleterre, l'autre en France, ni l'un ni l'autre n'est satisfaisant.

L'Angleterre toutefois vient de faire un pas vers la solution de cette difficulté.

Les commissaires de l'enquête sur la salubrité des villes, faite par ordre du parlement Anglais, en 1844, ont été unanimes à proclamer la nécessité de mettre les classes pauvres en possession d'une suffisante quantité d'eau potable, ainsi que de bains et lavoirs publics. Pour réaliser ces vœux, ils ont émis l'avis que pleins pouvoirs fussent donnés aux administrations locales, de traiter directement avec des Compagnies ou des entrepreneurs, chargés de pourvoir aux besoins de tous les habitants ainsi qu'à ceux d'édilité, et conséquemment de placer dans toutes les rues les conduites d'alimentation ; ils ont en outre émis l'avis que les administrations locales taxassent, au profit des Compagnies, les propriétaires de toutes les maisons ainsi mises en position de se servir de l'eau de ces conduites.

Ces mesures, quelque louables qu'elles soient, nous semblent appeler un complément (1) ; il est incontestable que, soit incu-

---

lume peu considérable de 230 litres ; c'est, y compris le poids du seau, environ 2,000 kilog. à monter par semaine de la borne-fontaine à l'appartement ; soit deux jours de travail. La femme chargée de ce labeur ne gagnerait-elle à travailler de son métier que 60 c. par jour, le transport de l'eau a coûté 1 fr. 25 c. par semaine.

Or, l'élévation d'un pareil volume d'eau par machine à vapeur et à une hauteur de plus de 15 m. ne coûterait qu'un peu plus de 0 fr. 005 c.

Bien plus, suivant son nouveau projet d'alimentation, la commission de salubrité se fait fort de drainer, conduire à Londres, filtrer et distribuer au 4ᵉ étage, 1,610 litres par semaine, le tout pour 0 fr. 105.

(1) Depuis que ceci a été écrit, la commission générale de salubrité (voir son rapport sur l'alimentation de Londres, 1850) a été plus loin ; elle a émis l'avis formel que, pour Londres, on exécutât d'office, et sous le contrôle direct du parlement, non-seulement les travaux publics d'alimentation et d'évacuation des eaux, mais les travaux et l'installation des appareils particuliers à chaque maison, le tout couvert par une taxe annuelle dont seraient grevés les propriétaires.

Que les travaux qui ne peuvent être créés qu'en commun, tels que pavages, conduites publiques d'eau et de gaz, égouts, etc., soient volontairement exécutés

rie, soit crainte des embarras et dépenses d'un premier établissement, les propriétaires des habitations des classes pauvres ne feront pas tous et immédiatement exécuter les travaux nécessaires pour introduire dans leurs maisons l'eau qui passera devant leurs portes; et cependant on ne peut laisser plus longtemps ces classes peu aisées dans le dénûment dont elles souffrent.

Nous pensons donc que, comme complément nécessaire, et jusqu'au moment où les mœurs en progrès, de meilleures bases au crédit, ou la formation de Compagnies qui se chargeraient, moyennant redevance annuelle, de l'établissement des travaux nécessaires, auront définitivement introduit l'eau dans toutes les maisons, les communes devront prélever sur l'eau réservée aux besoins d'édilité, une portion destinée à l'alimentation gratuite des pauvres; elles devront, disons-nous, établir des bornes-fontaines dont le débit ne soit pas intermittent, et qui soient assez rapprochées pour éviter à ceux à qui elles sont destinées, une perte trop considérable de temps et de peine.

Mesure de l'abondance de l'eau. Examinons maintenant quelle est la mesure de l'abondance de l'eau, soit pour les besoins des particuliers soit pour les besoins publics.

Quelques ingénieurs, chargés d'établir des distributions d'eau, ont considéré ce problème comme indéterminé; comparant entre elles les consommations des diverses villes, les unes douées

---

par la communauté et leurs frais répartis entre tous ses membres, rien de plus rationnel; mais imposer à des citoyens des travaux qui ont pour objet la satisfaction de leurs propres besoins individuels, mais les rendre, qu'on nous passe l'expression, heureux malgré eux, c'est là un empiètement sur la liberté humaine, sur la propriété, que rien ne saurait justifier et dont les conséquences n'auraient point de bornes.

Nous faisons des vœux pour que l'Angleterre ne se départisse point légèrement de ce grand respect de la liberté individuelle qui a si vigoureusement trempé les hommes de ce pays; nous souhaitons aussi que nos voisins ne substituent pas étourdiment à l'initiative individuelle qui a fait de la Grande-Bretagne le premier pays du monde, cette centralisation mal appliquée dont nous voyons, chez nous, de si tristes résultats.

de quantités ridiculement minimes, les autres d'une alimentation fastueuse, s'appuyant en outre sur ce que d'année en année
les demandes des municipalités ont été croissant ; qu'à Lyon,
elles ont été en augmentant de 150 pouces à 1,500 pouces ;
qu'à Paris, on a d'abord estimé que 10 litres étaient suffisants
pour les besoins journaliers de chacun des habitants ; que cette
estimation a été grossie successivement jusqu'à 58 litres,
ils en ont induit que le besoin d'eau est comme celui du luxe
et de la richesse, qu'il croît avec la quantité possédée.

C'est là une erreur : le bien-être, la richesse, le luxe, n'ont
pas de limites, parce que leurs éléments constituants vont sans
cesse croissant en nombre ; mais pour chacun d'eux pris isolé-
ment, il existe une limite supérieure, assez rapprochée lorsque
cet élément est appelé à satisfaire à l'un des besoins essentiels
de notre nature.

Ainsi, quelque augmentation qu'éprouve sa fortune, un
homme déjà riche ne consommera pas un grain de blé de plus.

Considérons d'abord la consommation d'eau individuelle : il
y a pour elle un minimum nécessaire au soutien de l'existence.
Dans la marine, où le pain est fait à l'avance, où l'on ne lave le
linge et ne nettoie à fond le navire qu'en relâche, la consommation de chaque homme est réglée à environ 3 litres par jour,
on peut donc estimer à environ 5 litres, la limite inférieure
de la consommation d'eau.

Mais quelle est la limite supérieure ?

Pour la déterminer, il ne faut chercher d'exemples qu'en
Angleterre. Dans les autres contrées, il existe généralement des
distributions d'eau gratuite ; il devient donc impossible de faire
la séparation exacte des besoins publics et des besoins particuliers. En Angleterre, au contraire, l'eau gratuite est l'exception,
dans un assez grand nombre de villes, les Compagnies sont
exclusivement chargées de la distribution ; les besoins y ont été
donc analysés, mesurés à loisir, avec une exactitude d'autant plus rigoureuse, qu'un grand nombre d'habitants riches

Mesure des besoins particuliers.

traitent pour des quantités illimitées d'eau livrées à tous les
étages de leurs habitations, et que dans ces conditions il n'est
plus possible d'objecter que la consommation est restreinte par
le prix ou la difficulté de l'obtenir.

Or, M. R. Thom (1), l'un des hommes les plus compétents
et les plus expérimentés en matière d'alimentation, évalue à
environ 58 litres par tête et par jour, la quantité d'eau maximum que réclame une abondante et large distribution.

Il appuie son opinion sur un fait péremptoire, c'est qu'à
Greenock et Paisley, villes d'Écosse où les tuyaux sont toujours
en charge et où la consommation n'est soumise à aucune limite,
il n'est usé cependant que 54 litres environ par personne; il
ajoute qu'en général, il ne faut accepter qu'avec défiance les
chiffres de consommation exagérée attribuée à certaines villes,
qu'il est rare en effet que, en raison des mauvaises dispositions
et des pertes de toute nature, les consommateurs reçoivent en
réalité toute l'eau qu'on imagine leur être servie (2).

---

(1) Voir les rapports de la commission générale de salubrité, déjà cités.

(2) En entrant dans le détail de la consommation des particuliers, il est facile
de se convaincre que le chiffre de 54 litres est considérable.
Nous donnerons pour exemple d'une semblable décomposition, les calculs
présentés par M. Gravatt lors de l'enquête de 1844 :
Pour une famille d'ouvriers aisés et très-propres, composée de la mère, du
père, d'une fille nubile et de deux autres enfants, il estime ainsi la consommation hebdomadaire :

Lavage des légumes . . . .   63 litres
Thé et lavage d'ustensiles.   64
Cuisson des légumes et autres mets..   64
Propreté personnelle   127
Lavage des planchers des deux cham-
bres, une fois par semaine.   45
Blanchissage du linge et des vêtements. 227
Arrosage d'un jardinet.   45

                Total. . . .   635 soit par jour et par tête 18 litres
Aux chiffres présentés par M. Gravatt, nous ajouterons :
        Pour Watercloset, environ.   4
        Bains   3
        Usages industriels (à Londres, ils n'exigent en ce
        moment que 8 litres)   15

                            Total. . . . . 40 litres

Dans ce dernier chiffre tout est compris sauf les quantités nécessaires aux

Cette question a d'ailleurs été débattue contradictoirement devant les commissaires de l'enquête Anglaise ; ils ont décidé en dernier ressort, que la quantité d'eau attribuable, par jour et par habitant, aux besoins particuliers, devait être, dans les villes où l'on dispose d'une eau abondante, de 54 litres (12 gallons)(1).

Cette base, rationnellement déterminée, nous semble à de légères différences près, pouvoir être appliquée aux villes de tout climat. Si, dans le Midi, la chaleur surexcite la consommation individuelle ; dans le Nord, la fumée, la boue, créent des besoins de propreté qui n'ont pas une influence beaucoup moindre.

Nous adopterons cependant le chiffre de 70 litres, quoiqu'il soit de beaucoup au-dessus des besoins les plus larges, mais il offre l'avantage de donner toute sécurité relativement à de grands développements industriels, à l'extension de l'usage des bains, et à l'imprévu.

Chiffre de la consommation particulière.

Passons maintenant à la détermination de la quantité d'eau nécessaire aux besoins d'édilité, quantité qui est essentiellement fonction du climat, de l'étendue superficielle des places, rues et promenades, du degré de déclivité des voies publiques, enfin, des mœurs et habitudes des populations ; toutes choses variables dans des limites étendues.

Mesure des besoins d'édilité.

---

besoins des animaux et à ceux d'irrigations des cours, jardins et façades de maisons, dépenses d'ailleurs exceptionnelles, irrégulières ou réparties sur plusieurs ménages ; d'autre part, nous avons forcé tous les chiffres de l'exemple ci-dessus.

(1) Plus récemment, la commission générale de salubrité, dans son rapport sur l'alimentation de Londres, estime que pour subvenir aux plus larges besoins des particuliers, y compris l'eau des grands consommateurs et industriels, ainsi que celle que demandera l'abolition complète des fosses, il faudra, par tête et par jour, moins de . . . . 51 lit.

A ce nombre, elle ajoute pour nouveaux bains, nouvelles industries et éventualités 11   80

En tout. 62   80

Un élément d'une certaine importance dans cette recher-
che, c'est la quantité d'eau nécessaire pour le curage des
égouts; volume subordonné, d'ailleurs, au rôle qu'on leur fait
jouer.

Dans plusieurs villes d'Angleterre, telles que Londres, les
égouts servent généralement 1° à l'assèchement ou drainage du
sol de la ville, l'eau dont il est imbu venant s'infiltrer naturellement à travers les parois des égouts; 2° à l'écoulement des
eaux de pluie et des boues demi-liquides qu'elles entraînent
avec elles; 3° au charriage des résidus de toutes natures, provenant des cuisines, des latrines ou de toute autre origine,
lesquels, mêlés aux eaux sales des maisons, sont déversés dans
les égouts publics au moyen d'égouts spéciaux à chaque maison (1).

A cette nomenclature il convient d'ajouter l'entraînement des
boues. Aujourd'hui elles sont encore balayées, et chargées sur
voitures; mais ce procédé a été condamné par la commission
générale de salubrité, et ces immondices ne tarderont sans doute
pas à suivre la même voie que les autres.

A Paris, et en général sur le continent, on amasse séparé-
ment ces diverses résidus et détritus, qui sont ensuite enlevés
par voitures; mais cette méthode, pénible, coûteuse, encom-
brante, malpropre, multiple dans ses moyens, est, qu'on nous
passe l'expression, si barbare, qu'elle ne peut plus avoir longue
durée, et que l'exemple de l'Angleterre sera sans doute bientôt
suivi par toutes les villes bien administrées.

On peut dire que cette révolution sera partout le corollaire
obligé d'une bonne distribution d'eau; car l'abondance de cette
dernière détermine bientôt la création d'égouts particuliers qui,
se rendant directement aux égouts publics, suppriment l'in-

___

(1) Dans la Cité de Londres (*City of London sewers — report of
Mrs Walker, Cubitt and Brunel*, 1848), sur 16,000 maisons ou édifices qui
la composent, 9,238, soit les 2/5** environ, sont munies d'égouts spéciaux;
6,762 en sont encore dépourvues. On voit par cet exemple que le nombre des
fosses ne laisse pas que d'être encore considérable à Londres.

convénient de la circulation de grands volumes d'eaux sales
dans les rues ; de là à généraliser les attributions de ces égouts
particuliers, il n'y a qu'un pas (1).

A son tour, le charriage des matières fécales dans les égouts
aura pour corollaire la suppression d'un autre usage également
barbare, celui de déverser le produit des égouts dans les rivières.

Utilisation du produit des égouts.

Cette dernière méthode présente, dès à présent, le double inconvénient de souiller les eaux de ces cours d'eau (2) et de laisser
échapper, sans les utiliser, des matières fertilisantes d'une haute
valeur. (3). Mais l'adjonction des matières fécales rendra ces
inconvénients plus palpables.

A Londres, la commission générale de salubrité s'est pronon-

---

(1) Un exemple de cette logique naturelle qui conduira infailliblement toutes
les villes à recourir aux égouts pour l'enlèvement des immondices de toute
origine, c'est Bruxelles.
Quoique les règlements anciens et nouveaux aient fait défense expresse de
construire des latrines dépourvues de fosses d'aisances closes, cependant aujour-
d'hui il n'existe plus de ces réceptacles dans cette ville, et l'usage de laisser échapper les matières fécales dans les égouts a pris une extension trop
grande pour être réprimé. (Voir l'*Essai sur la Construction des égouts*, par
M. Versluys, inspecteur de la voirie communale de Bruxelles.)

(2) Cette pollution, qui, même en supposant que l'on puise, au-dessus de la décharge des égouts, toute l'eau dont on fait usage, n'est point indifférente en
tous cas pour les villages ou villes placées en aval, vicie profondément la qualité
des eaux, et cette altération se distingue facilement au microscope, souvent
même au goût et à l'odorat.
La chimie est presque toujours impuissante à faire de pareilles détermina-
tions ; cependant, à Paris, les analyses de MM. Boutron-Charlard et O. Henry,
faites en 1844, par ordre du préfet de la Seine, signalent dans l'eau du pont
d'Ivry et du pont Notre-Dame, des traces seulement de matières organiques,
et à Chaillot des traces *très-sensibles*, outre une quantité très-supérieure de
matières minéralisantes.
A Londres, l'eau de la Lambeth C° qui puise dans la Tamise vis-à-vis
Hungerford Market, en un endroit qui n'est point à l'abri des pollutions des
égouts, a été déclarée, par la commission générale de salubrité, impropre à tout
usage et dangereuse pour la santé.

(3) Les eaux sales des maisons, ainsi que les boues entraînées dans les
égouts par les pluies, les balayages et les arrosages, renferment d'excellentes
matières à engrais ; dans le rapport, déjà cité, des commissaires de salubrité,
nous lisons qu'il tombe annuellement sur le pavé de Londres plus de 200,000
tonnes de fumier de cheval.

cée pour un système qui consisterait à pomper le produit des
égouts et le diriger sur chacune des rives jusqu'à un emplace-
ment où l'on en convertirait une portion en engrais et lâcherait
l'autre dans la rivière en un point où cela ne pourrait nuire (1).

Des projets analogues ont été élaborés pour Paris et pour
Bruxelles.

Il faut le dire cependant, la méthode qui consiste à faire
des égouts le réceptacle unique de tous les résidus d'une ville,
impose l'obligation, lorsqu'on persiste à conserver le réseau exis-
tant, d'augmenter le volume des eaux d'édilité, à l'effet de combattre par des chasses périodiques et répétées, les obstructions
qui s'y manifestent infailliblement.

A Londres (2) où l'on a universalisé les fonctions des égouts,
les dépôts et les infiltrations qui en sont la conséquence ont pris

---

(1) On a objecté à ce système qu'il laissait encore aller en pure perte, dans
la rivière, des matières précieuses pour engrais ; mais rien n'empêcherait
si l'on en trouvait l'emploi, d'utiliser, soit pour fumer, soit pour irriguer
les terres, le produit tout entier des égouts. Nous lisons dans une lettre de
M. Mac-Adam à M. Darcy, que, dès aujourd'hui, une forte proportion des
boues relevées dans les rues de Londres, se rend par bateaux, à une distance
de 30 à 50 kilomètres de cette ville.

On a encore objecté à ce système qu'il serait difficile pour les machines de
suffire les jours d'orage ; c'est là une difficulté à laquelle il est très possible de
pourvoir ; mais, en la supposant pour un instant insoluble, rien n'empêcherait de laisser directement écouler à la rivière les eaux en excédant ; ce serait
un inconvénient si l'on veut, mais sans importance puisqu'il serait accidentel.

(2) Sur les 321 égouts de la Cité de Londres (rapport de MM. Walker, Cubitt et
Brunel, déjà cité), 101 seulement sont exempts de dépôts ; 216 sont sujets à des
obstructions sérieuses par suite de l'accumulation et de la concrétion de matières
de toute nature, parmi lesquelles il faut comprendre le sable et le gravier qui
proviennent des rues macadamisées et dont les dépôts (qui s'élèvent jusqu'à
22 cent.) une fois tassés et mêlés à d'autres débris, ne se dispersent qu'avec
une grande difficulté.

Le rapport de la commission de salubrité estime à 168 mètres cubes les accu-
mulations mensuelles des égouts.

MM. Walker, Cubitt et Brunel pensent que si l'on veut combattre victorieu-
sement les inconvénients que présentent les égouts de la cité, il faut : — un
large afflux d'eau ; — l'organisation de nombreuses chasses, consistant dans l'é-
tablissement de réservoirs (pouvant contenir dans certains cas 37 mètres cubes),
où l'on accumule l'eau, pour, à un moment donné, ouvrir les écluses et balayer les égouts ; consistant encore dans la fermeture des conduites elles-mêmes,
au moyen d'un certain nombre de vannes que l'on ouvre lorsqu'il s'est accumulé

un caractère réellement inquiétant, et les dépenses de chasses et curages à la main, une extension toujours croissante.

En présence d'aussi sérieux inconvénients, pour d'autres motifs encore que nous développerons plus loin, nous n'hésitons pas à conseiller la reconstruction de la plus grande partie sinon de la totalité des égouts; il est de toute nécessité que leurs dispo-

---

par derrière une quantité d'eau suffisante; moyens, d'ailleurs, déjà appliqués à Londres, mais dont ils demandent l'extension; — enfin, l'aide régulier et constant des bras de l'homme. On voit que la conséquence de ce système, c'est le maintien des grandes sections, capables de permettre la circulation des hommes.

Ces éminents Ingénieurs, évidemment effrayés de la dépense de reconstruction des égouts de Londres, se sont exclusivement préoccupés de combattre à tout prix les inconvénients les plus palpables du réseau actuel, tout en le conservant.

Nous disons à *tout prix*, parce qu'en effet les moyens qu'ils proposent se résolvent en un entretien considérable. Les frais de chasse seuls ont été estimés par la commission de salubrité (voir le rapport déjà cité) à au moins 270 fr. par an et par kilomètre, et ce chiffre est de beaucoup dépassé dans certains districts; à quoi il faut ajouter, d'ailleurs, le curage à bras d'hommes, qui est l'élément principal de la dépense.

A Paris, le curage des égouts qui est effectué par l'action combinée des rabots mus à bras d'homme et des chasses, coûte annuellement, pour un développement total de 130 kilom. d'égouts, dont les attributions sont d'ailleurs fort bornées, une somme de 1,000 fr. par kilomètre, qui se décompose ainsi pour 1849. (Voir le rapport de M. Darcy, inspecteur divisionnaire des Ponts et Chaussées, sur le pavage et le macadamisage) :

Ouvriers égoutiers............................	101,176 f.	50 c.
Eau versée aux bouches d'égouts pour assainissement.	837	50
Transport aux décharges publiques, des sables des égouts que l'on retire avec des seaux...........	471	25
Ouvriers blessés dans le service..................	620	10
Outils, bottes, etc............................	10,818	30
Dragages à l'embouchure des égouts..............	8,588	»
	122,511	65

En présence de dépenses incessantes, considérables, appliquées non pas à prévenir les dépôts et l'insalubrité qui en dérive, mais à les dissiper périodiquement, on se demande si la reconstruction ne serait pas de beaucoup préférable.

M. Versluys (*Essai sur les égouts de Bruxelles*) a proposé, et l'essai en a été fait dans cette ville, d'établir en contrebas du radier des égouts, des fosses ou citernes destinées à retenir les matières solides, que l'on vidangerait ensuite par la méthode atmosphérique ou toute autre. Ce moyen, coûteux, mal commode, ne remédie en rien au grave inconvénient d'un stationnement trop long des matières malsaines; enfin, les matières organiques dissoutes dans l'eau, qui, rationnellement, devraient être utilisées comme engrais, sont complètement négligées par ce procédé et vont empoisonner la rivière.

sitions, formes, dimensions, matériaux et pentes, concourent à l'évacuation la plus rapide possible de toutes ces matières.

Des essais faits en Angleterre avec le plus grand soin et sur une grande échelle, il parait résulter d'autre part, qu'avec un système bien coordonné de conduites cylindriques, d'un petit diamètre, en poterie vernissée, bien emboîtées l'une dans l'autre et bien étanches, il sera possible de maintenir les égouts constamment libres sans l'aide d'un afflux d'eau spécial, et sous la seule condition que la ville soit pourvue d'une bonne distribution en mode constant.

Quoiqu'il y ait quelques réserves à faire à l'égard de ce mode de construction, auquel nous reviendrons d'ailleurs, nous pensons qu'en général, la part des eaux d'édilité applicable au curage des égouts ne saurait être considérable dans un système bien organisé.

Quelque vicieux que soit celui des égouts de Londres et quelque considérables que soient leurs obstructions, on ne dépense actuellement pour les chasser que 2,237 mètres cubes d'eau quotidiennement, soit 1 lit. 16 par habitant et jour (1).

Dans son projet d'alimentation et évacuation perfectionnées, la Commission générale de salubrité n'attribue aucune affectation d'eau spéciale au curage des égouts.

Incendies.

Il est difficile de déterminer le volume d'eau applicable aux

---

(1) Pour Paris, il n'est pas possible de séparer les eaux servant à curer les égouts de celles qu'on emploie au lavage des ruisseaux et à la consommation des pauvres ; ces diverses eaux ont une origine commune, les bornes-fontaines, et celles qui ont lavé les ruisseaux, se rendent dans les égouts et y établissent un courant fort utile pour les maintenir libres. Toutefois, l'eau versée pour l'usage unique et spécial des égouts, coûtant annuellement 837 fr. 50 c. seulement, ne peut être évaluée à plus d'un litre par jour et par tête.

Suivant le rapport, déjà cité, de M. Darcy, les bornes-fontaines débitent journellement 19,300 mètres cubes ou par habitant et par jour environ 19 litres.

On estime d'ailleurs que pour obtenir un service satisfaisant, il faudrait porter de 1,784 à 2,737 le nombre des bornes-fontaines, et de 60 litres à 107 litres leur débit par minute.

incendies; il est probable que si toutes les rues d'une ville
étaient traversées par des conduites d'eau à haute pression,
sur lesquelles il fût possible de brancher des tuyaux flexibles,
au premier signal du feu et avant qu'il n'eût pris de l'extension (1) la consommation afférente à ce service n'aurait qu'une
faible importance.

A Paris, il n'existe point d'affectation spéciale pour cet
usage.

A Londres, les incendies absorbent 628 mètres cubes en total,
soit 0 lit. 33 par jour et par habitant; mais ce service laisse
à désirer. Dans le nouveau projet d'alimentation de cette ville,
la Commission générale de salubrité a estimé à 8 litres par jour
et par habitant la part attribuable à ces sinistres; il est vrai
que dans ce chiffre elle a compris diverses éventualités.

Les fontaines jaillissantes sont plutôt un luxe qu'un besoin; **Fontaines**
elles contribuent plus à l'embellissement des places et promenades d'une ville qu'à l'hygiène des habitants; et l'effet utile
de l'eau répandue sous cette forme est beaucoup moindre que
celui qu'on obtiendrait en la dépensant en arrosages.

La même observation peut s'appliquer à l'usage de faire
couler l'eau dans les ruisseaux d'une ville.

Aussi à Londres et dans la plupart des villes anglaises, n'use-
t-on point l'eau sous ces deux formes, et dans son nouveau
projet d'alimentation de la métropole Anglaise, la Commission

---

(1) On a reconnu qu'avec une alimentation continue et à haute pression, il
serait possible, à Londres, de lancer l'eau de 1 à 5 minutes après le signal du
feu, c'est-à-dire en quatre fois moins de temps qu'il n'en faut aujourd'hui en
moyenne aux pompes les mieux organisées pour arriver sur le lieu du sinistre
et se mettre en état de fonctionner.

Avec un bon système d'alimentation, les assurances pourraient être diminuées
des 2/3.

De plus, l'incendiarisme, qui n'a guère d'autre mobile que l'espoir de frauder
les Compagnies d'assurance, serait complétement supprimé. (Voir le rapport sur
l'alimentation de Londres, déjà cité.)

générale de salubrité n'a-t-elle point attribué un pouce d'eau à ces usages.

En ce qui concerne l'écoulement de l'eau dans les ruisseaux, nous pensons qu'il n'y a point lieu, en effet, de l'établir ou de le maintenir dans les rues d'une ville, et que l'effet qu'on en attend peut être obtenu plus complétement et à moins de frais, par l'irrigation des façades des maisons et l'arrosage des voies publiques plusieurs fois répétés dans le jour, suivant une méthode dont nous dirons quelques mots tout à l'heure.

Si, à Paris, on fait circuler l'eau dans les ruisseaux, ce n'est point dans le but de rafraîchir l'air, mais de laver ces ruisseaux, d'entraîner la boue et les détritus de toute nature qui s'y accumulent et d'établir dans les égouts où cette eau va se rendre, un courant nécessaire pour les maintenir libres ; or, la circulation dans les ruisseaux deviendrait inutile si chaque maison, bien alimentée d'ailleurs, était pourvue d'un égout souterrain branché sur l'égout public, si les égouts publics étaient construits suivant un système rationnel, perfectionné et coordonné, si enfin l'on adoptait une bonne méthode d'arrosage et d'ébouage.

Quant aux fontaines jaillissantes, nous croyons impossible de ne pas leur attribuer une part ; dans une ville méridionale surtout, la coutume, sinon le besoin, en rend l'établissement nécessaire ; mais il faut se garder d'en exagérer le nombre.

A Paris, leur nombre est de 23 ; elles débitent 13,200 mètres cubes par jour. Dans le rapport de M. Darcy que nous avons déjà cité, nous lisons que, pour rendre complet le système de fontaines jaillissantes, il faudrait en augmenter un peu la quantité et porter le débit total à 18,000 mètres cubes, soit environ 18 litres par jour et par habitant.

Arrosage et ébouage.

L'élément le plus important de la détermination du volume des eaux d'édilité, c'est l'arrosage et l'ébouage.

L'arrosage, qui a pour but d'abattre la poussière des rues, et qui devrait toujours être suivi d'un ébouage, est encore gé-

néralement opéré au moyen de la circulation d'appareils ou
tonneaux, que l'on remplit d'eau aux réservoirs, aux fontaines
ou aux poteaux d'arrosement.

On consomme, soit à Londres, soit à Paris, de 1 lit. à 1 lit. 25
par chaque mètre carré de surface arrosée et pour chaque arrosage. On arrose deux fois par jour pendant sept mois de l'année, chaque fois que l'état de la température l'exige.

A Londres, ce service absorbe 3,424 mètres cubes, soit
1 lit. 78 par jour et par habitant; mais quoiqu'il soit bien fait,
il est loin d'être étendu à toutes les rues (1).

L'ébouage se fait à Paris au moyen de balais mus à bras
d'homme; à Londres cette méthode est également prédomi-
nante; cependant, dans certains quartiers de cette ville, on se
sert avec succès de la machine à balayer de Withworth, qui
effectue simultanément le balayage et l'enlèvement des boues,
tandis que dans le système du balayage à la main, on est forcé
de les réunir en tas et de les charger ensuite sur des voitures.

Les opérations d'arrosage et d'ébouage, telles qu'on les exécute habituellement, sont notoirement malpropres et insuffi-
santes; il faut ajouter qu'elles coûtent fort cher.

A Londres, on peut estimer la dépense d'arrosage à environ
0 fr. 228 par mètre superficiel (2) et celle d'ébouage à environ

---

(1) Pour Paris nous manquons de renseignements suffisants pour évaluer la
quantité d'eau absorbée par le service des arrosages; dans le rapport de
M. Darcy nous lisons que cette eau est payée par les entrepreneurs à raison de
22,150 fr. annuellement; mais il faudrait connaître les proportions relatives
d'eaux de Seine et d'Ourcq employées à ce service, les premières étant payées
0 fr. 274 et les secondes 0 fr. 137 par hectolitre.

(2) Ce chiffre se décompose ainsi qu'il suit, d'après les renseignements remis
à M. Darcy par M. York, surveyor de la paroisse de St-James, renseignements
basés sur une moyenne de dix années :

Eau 0.125
Chevaux, voitures, conducteurs . ... 0.093 } 0.228
Réparation des tuyaux de cuir, des coffres d'arrosage..... 0.010

0 fr. 500 (1). Pour les six millions de mètres superficiels de voie publique de cette ville (trottoirs non compris), l'arrosage et l'ébouage, s'ils se faisaient complétement, coûteraient donc :

Arrosage............ 1,000,000 fr.

Ebouage............ 3,000,000

Total........ 4,000,000 fr.

A Paris, l'arrosage coûte environ 0 fr. 18 par mètre superficiel (2) ; quant à l'ébouage, il est, dans cette ville, à la charge des propriétaires ou locataires des maisons. M. Darcy, inspecteur divisionnaire des Ponts et Chaussées, dans son rapport sur le pavage et le macadamisage, estime que si ce travail se faisait municipalement ou par les soins d'une Compagnie avec laquelle traiteraient les propriétaires ou locataires, il coûterait par mètre carré :

Balayage............... 0 f. 38 c.

Transport par voitures... 0 11

Total....... 0 f. 49 c.

D'où résulte que pour les 3,600,000 mètres superficiels des

---

(1) Nous trouvons dans le rapport de la commission de salubrité de Londres que cette dépense s'est élevée aux chiffres suivants dans l'une des paroisses de Londres, pendant une année et pour une surface de 52,471 yards :

Main-d'œuvre du balayage............................ 424 livres.
Transport des détritus et des immondices (4,800 charges à 2 shillings 2 pence la charge)............................ 560 »

984 livres.

(2) L'arrosage ne se fait guère que sur les quais, boulevarts et places publiques. Pour les 860,000 m. q. (y compris 70,526 mètres au bois de Boulogne) arrosés, la dépense se décompose ainsi, suivant le rapport déjà cité de M. Darcy :

Service fait par l'entrepreneur............................ 104,833.00
Surveillance............................ 1,373.00
Ventousiers............................ 10,390.50
Service en dehors du marché............................ 128.80
Eau répandue............................ 2,744.15
Entretien du matériel............................ 1,059.87
Eau payée à la ville............................ 22,149.59
Arrosement du bois de Boulogne............................ 9,197.30

TOTAL......... 151,876.21

voies publiques de Paris (trottoirs non compris) l'arrosage et l'ébouage, s'ils étaient généralement opérés, coûteraient :

Arrosage. . . . . 648,000 fr.
Ebouage. 1,764,000

Total. . . . . . . 2,500,000 fr.

Les procédés actuels d'assainissement des rues, multiples dans leurs moyens, encombrants, insuffisants et chers, peuvent être remplacés avec grand avantage, et ils le seront tôt ou tard, par la méthode une et simple qui consiste à brancher sur les conduites d'eau, à certaines heures, des tuyaux flexibles, lesquels projetant l'eau sur les pavés avec une forte pression, les débarrassent de la poussière et de la boue, qui sont entraînées dans les égouts.

M. Darcy estime que l'arrosage et l'ébouage de la surface entière de Londres, au lieu de 4 millions qu'il faudrait dépenser pour appliquer le système actuel, coûterait par la méthode perfectionnée, 875,000 fr. avec de l'eau à haute pression (18 m.) et 2,330,000 fr. avec de l'eau à pression moyenne (6 m.)

La Commission générale de salubrité Anglaise, qui, après avoir expérimenté sur une grande échelle cette méthode perfectionnée, a proposé de l'appliquer à Londres dans le plus bref délai possible, estime la dépense d'eau totale qu'elle exigerait pour arrosage et ébouage, à 23 lit. 60 par jour et par habitant de Londres.

Pour résumer ce qui concerne les eaux d'édilité, nous rappellerons qu'à Londres (1) il n'est distribué en ce moment, pour le lavage des rues, le curage des égouts au moyen de chasses, et pour l'extinction des incendies, qu'un peu plus de 3 litres par tête et par jour; il est vrai que la vicieuse pratique du balayage des rues n'est point encore supprimée, et que la métropole e

Chiffre de la consommation d'édilité.

(1) Voir le *Rapport de la Commission générale de salubrité sur l'alimentation de la métropole*, 185C.

mal pourvue contre les incendies ; mais le nouveau projet d'alimentation de Londres, appuyé sur une enquête faite avec un soin et un zèle admirables, et basé sur l'emploi des méthodes les plus avancées en matière de salubrité publique, évalue ainsi qu'il suit le volume total nécessaire, par tête et par jour, pour satisfaire largement aux besoins publics :

Arrosage et ébouage des rues........ 23 lit. 60 (1)
Incendies et éventualités 8
                               Total....... 33 litres.

Soit 50 0/0 du volume attribué, par le même projet, aux besoins des particuliers (2).

Si donc, au lieu de moitié de la quantité dévolue à ces derniers, quantité que nous avons estimée à 70 litres, nous attribuons part égale aux besoins d'édilité, nous serons certains d'avoir pourvu, et bien au-delà du nécessaire, à l'écoulement des fontaines jaillissantes qui, nous l'avons vu, ne doit guère dépasser le chiffre de 20 litres par tête et par jour ; nous serons également sûrs d'avoir réservé bien plus que ne nécessitera le curage d'un certain nombre d'égouts à grande dimension qu'il nous paraît prudent de conserver jusqu'à plus ample expérience, curage qui, d'ailleurs, n'absorberait encore qu'une quantité d'eau peu importante, quand bien même on persisterait dans le système actuel des égouts.

Nous attribuons en conséquence 70 litres aux besoins d'édilité (3) ; c'est un chiffre qui approche de ceux des projets de Lyon et de Cette.

Avant de résumer notre étude sur la mesure de l'abondance

_____

(1) Ce chiffre est relatif à Londres où il n'existe que six à sept habitants par maison. A Paris et à Madrid, il y a, par maison, 34 et 25 habitants.

(2) Ce volume est estimé à 63 litres, y compris les besoins afférents à un développement éventuel des bains et des établissements industriels. (Voir le *Rapport* déjà cité *de la Commission de salubrité.*)

(3) Dans ce chiffre n'est point et ne doit point être comprise l'eau distribuée gratuitement aux classes pauvres ; cette dernière doit être prélevée sur les 70 litres par tête et par jour que nous avons attribués aux besoins particuliers.

de l'eau, et d'en conclure le chiffre total de la consommation d'une ville, nous croyons utile de faire connaître quels ils sont dans les principales cités dont l'alimentation a été observée; l'appréciation et la décomposition de ces chiffres serviront de contrôle à celui auquel nous nous sommes arrêtés, et mettront en garde contre le danger d'imiter leur élévation apparente ou exagérée.

Nous avons, en conséquence, réuni dans le tableau suivant les villes qui reçoivent les plus fortes distributions d'eau, les cités favorisées ; les nombres qui y figurent comprennent à la fois l'eau des besoins particuliers et l'eau des besoins publics (1).

NOMS DES VILLES.	POPULATION	NOMBRE de LITRES DISTRIBUÉS par jour et par habitant.	COURS D'EAU sur lesquels SONT SITUÉES LES VILLES.
Rome ancienne....	1,200,000	1,484	Tibre.
Rome moderne....	136,000	1,105	Tibre.
Besançon.........	30,000	530	Canal.
New - York.......	312,000	568	"
Marseille..........	185,000	470	"
Carcassonne.......	15,500	400	Aude et canal du Languedoc.
Philadelphie......	240,000	225	Schuylkill et Delaware.
Dijon	25,496	80	Ouche et torrent du Suzon.
Richemond........	20,000	80	James.
Lyon	206,000	45 en projet	Rhône, Saône et sources.
Glasgow...........	395,000	13	Clyde et trois canaux.
Gênes.............	90,000	140	Bisagno, Rochetta, Polievera.
Cette.............	18,000	106 en projet	"
Londres..........	1,924,000	105	Tamise et New-River.
Narbonne	10,500	85	Canal.
Manchester	180,000	84	Deux canaux et deux petits cours d'eau.
Toulouse.........	52,000	80	Garonne et canal.
Munich...........	90,000	80	Isar et canaux.
Genève	50,000	74	Lac Léman et Rhône.
Paris.............	1,000,000	58	Seine, Ourcq, Bièvre.

(1) Ce tableau a été composé avec les chiffres que nous avons trouvés dans le consciencieux travail de M. Terme (Des Eaux potables, 1843); avec ceux que nous avons extraits des documents de la grande enquête de 1844 sur la salubrité des villes Anglaises, et du rapport de la commission de salubrité sur l'alimentation de Londres; enfin, nous en devons quelques-unes à des renseignements directs.

4

C'est pour avoir connu les chiffres de ce tableau, sans les avoir suffisamment appréciés et analysés, que la plupart des villes qui ont récemment projeté de nouvelles alimentations, se sont presques toutes arrêtées à des volumes exagérés.

Et d'abord, ce tableau indique bien les volumes débités, mais nullement les volumes consommés.

Ainsi, à Londres, la quantité réellement consommée n'est pas moitié de la quantité délivrée par les réservoirs des Compagnies (1); il en est de même à Glasgow et dans la plupart des villes Anglaises (2), où le mode de distribution intermittente occasionne un gaspillage, un coulage énormes; de là les chiffres élevés, mais sans réalité, de l'alimentation de quelques villes du Royaume-Uni; de là les plaintes générales qui s'y font entendre, quand il y aurait peut-être excédant si les quantités officielles étaient véritablement utilisées.

Il faut également écarter Rome, ville fastueuse, dont le monde entier entretenait le luxe, et qui pouvait ne reculer devant aucune dépense pour compléter ses créations monumentales.

Besançon en France, était dans certaines conditions spéciales dont l'existence donne la clef de la profusion de quelques autres villes. Besançon avait à la faible distance de 10 kilomètres de ses murs, une eau d'une rare abondance, qu'elle pouvait dériver avec la plus grande facilité. Dans de semblables circonstances, une cité hésite rarement à faire entrer dans ses murs des quantités d'eau supérieures à ses véritables besoins; elle se donne ainsi un superflu peu coûteux, propre à subvenir aux besoins à venir d'un accroissement de population; c'est également ce qui explique la large alimentation de Carcassonne.

C'est dans une semblable prévision, favorisée d'ailleurs par l'abondant débit de cours d'eau plus ou moins voisins, que

---

(1) Rapport de la Commission de salubrité sur l'alimentation de la métropole, 1850.

(2) Voir l'enquête de 1844 sur la salubrité des villes.

New-York et Philadelphie aux États-Unis, Marseille (1) et Dijon
en France, et tant d'autres villes, se sont décidées à verser dans
leurs rues, des quantités d'eaux supérieures à leurs besoins actuels.

De ces excès d'eau, rarement alliés à un bon et suffisant
égoutage, il résulte généralement une humidité et des infiltrations dangereuses pour la santé publique, et dont Rome, Londres
et New-York souffrent considérablement.

Un excédant d'eau, serait-il bien et complétement évacué,
présente en tous cas l'inconvénient d'un excès de dépense en
égouts, conduites et appareils d'alimentation ; en outre, il produit un trop grand délayage des matières charriées dans ces
égouts, d'où résulte, si l'on veut tirer partie de ces matières,
une augmentation de frais, soit pour les éloigner de la ville,
soit pour les convertir en engrais.

Nous croyons donc qu'il faut se garder d'imiter la profusion
pour ainsi dire naturelle d'un certain nombre de villes.

(1) Nous ne pouvons nous dispenser de dire quelques mots de la ville de
Marseille dont le projet d'alimentation, connu de MM. Rafo et de Ribera, a
incontestablement influé sur le chiffre beaucoup trop élevé auquel ils se sont
déterminés pour l'alimentation de Madrid.

Marseille, qui avait la faculté de puiser pour ainsi dire à discrétion dans la
Durance, a fait comme toutes les villes qui ont eu les mêmes facilités naturelles, elle a exagéré le chiffre de son alimentation, ainsi que le prouve la répartition suivante des eaux qu'elle compte introduire journellement dans ses
murs pour chaque tête d'habitant :

Usines et fabriques. . . . . 191 litres.
Fontaines et bornes-fontaines . . . . 166 »
Prévisions concernant les concessions particulières. 113 »

Marseille attribue 191 litres aux besoins industriels ; et Londres, où le nombre des grands consommateurs et des usines est cependant si considérable,
n'en consomme que 8. (Voir le rapport déjà cité de la commission de salubrité.) Ce simple rapprochement est suffisant.

Marseille suppose que chacun de ses habitants *achètera* 113 litres par jour,
tout en se proposant de déverser de l'eau gratuite par 800 bornes-fontaines et
55 fontaines monumentales !—tandis que c'est à peine si l'on peut compter, pour
acheteurs, sur 1/4 des habitants d'une ville, même lorsqu'il ne s'y fait pas de
distribution gratuite ; tandis qu'il a été trouvé par la minutieuse enquête à laquelle a procédé le gouvernement Anglais, que 54 litres correspondent à une
consommation tout-à-fait supérieure, y compris même les besoins industriels !

Les cités Anglaises qui sont forcées d'employer des moyens mécaniques pour élever l'eau, ou obligées de recourir à des sources multiples pour compléter la quantité d'eau qui leur est nécessaire, semblent plus propres que les précédentes à nous guider dans la détermination qui nous occupe, cependant il y a, d'autre part, pour elles, présomption d'insuffisance; d'ailleurs, elles peuvent se passer et se passent en effet d'eaux jaillissantes.

La vérité est donc dans un terme moyen, mais plus rapproché cependant du volume distribué dans les villes Anglaises bien pourvues, volume auquel il suffirait peut-être d'ajouter un supplément afférent au service des fontaines monumentales.

Consommation totale d'une ville. En résumé, nous pensons que la consommation totale et quotidienne d'une ville ne saurait dépasser ni même atteindre le chiffre de 150 litres, multiplié par le nombre des habitants.

Nous avons démontré la nécessité d'alimenter les villes avec des eaux de bonne qualité et abondantes; nous avons en outre caractérisé les conditions auxquelles on reconnaît qu'une eau est abondante et pure. Nous avons ainsi fait ressortir un certain nombre de principes capables de nous guider dans la détermination du meilleur mode d'alimentation de Madrid et dans l'appréciation des moyens proposés à cet effet par MM. les Ingénieurs Juan Rafo et Juan de Ribera.

ALIMENTATION DE MADRID.

Choix du cours d'eau.

Il est pour amener l'eau dans l'enceinte d'une ville, trois systèmes principaux : 1° élévation directe par machines; 2° dérivation combinée avec élévation par machines; 3° dérivation amenant naturellement les eaux à la hauteur nécessaire.

Avantages que présentent les dérivations. L'expérience a démontré d'une manière si décisive les nom-

breux avantages que présentent les deux derniers systèmes,
mais le troisième surtout, qu'un grand nombre de villes n'ont
point hésité, lorsqu'elles avaient le choix, à se prononcer pour
lui, bien que la dépense qu'il devait occasionner fût supérieure.
En Amérique, Albany et Troy, situées sur l'Hudson, ont dé-
daigné cette rivière pour aller dériver les sources des hauteurs
voisines. Philadelphie, assise sur deux rivières, use d'une eau
qu'elle va chercher au loin (1).

En Angleterre et en Ecosse, plusieurs villes offrent un pareil
exemple. Edimbourg s'est prononcée pour les sources qui la
dominent, se réservant de se servir des cours d'eau plus ou
moins troubles qui l'avoisinent, quand elle ne pourrait plus
faire autrement; un grand nombre d'autres cités, quoique bai-
gnées par des rivières, ont recours à des eaux de drainage.

Londres, malgré la Tamise qui la traverse, a conduit dans
son enceinte, par une dérivation de seize lieues, les eaux de la
rivière Lea et de quelques sources abondantes; si cette dérivation, qui porte le nom de New-River, eût pu aborder Londres à
une hauteur suffisante pour en alimenter tous les districts, et
si ses eaux avaient eu une qualité supérieure à celle de la Tamise, il est certain que pas une machine à vapeur n'eût été éta-
blie dans cette capitale pour le service des eaux (2).

A Hambourg, la rivière Alster a été dérivée récemment jusqu'au cœur de cette cité, à une hauteur d'environ $4^m,30$ au-
dessus du niveau de l'Elbe (3).

---

(1) Des Eaux potables, 1843, par M. Terme.

(2) La commission générale de salubrité, nous l'avons dit, a récemment
proposé de renoncer à la Tamise et à la Léa, et de dériver à Londres des eaux
de drainage d'une distance de 12 kilomètres.

Cet exemple, ainsi que celui des villes qui, soit en Europe, soit aux Etats-
Unis, ont, en ces derniers temps, dérivé des eaux souvent fort éloignées, malgré
que leurs murs fussent baignés par des rivières, démontre surabondamment
l'erreur de ceux qui prétendent que c'est à l'absence de machines à vapeur et,
en général, de bons appareils élévato res, qu'il faut attribuer la pratique des dérivations naturelles, si commune dans les anciennes villes et qui a été le système
favori des Romains.

(3) Rapport sur les égouts de la cité de Londres, par MM. Walker, Cubitt et
Brunel, 1848.

En France, nous citerons parmi les villes alimentées par dérivation: Carcassonne, malgré l'Aude et le canal du Languedoc;
Besançon, malgré le Doubs; Grenoble, malgré l'Isère; Dijon, malgré l'Ouche; Paris, qui a amené dans ses murs par une dérivation
de dix-neuf lieues, 5,000 pouces de la rivière de l'Ourcq, dont
elle ne consomme en ce moment que 2,200 pouces; Paris qui
n'eût jamais songé, sans la qualité inférieure des eaux de
l'Ourcq, a recourir à la Seine, où l'on puise chèrement environ
600 pouces d'eau.

Les motifs déterminants sont nombreux : les rivières au point
où elles baignent les grandes villes, ont en général circulé assez
longtemps pour être chargées de sels, notamment de carbonates, et souillées des matières animales et végétales que les
eaux de pluie empruntent aux terrains cultivés. Elles sont le
plus souvent troubles pendant les hautes eaux et chaudes en
été; or, nous avons fait voir surabondamment que la fraîcheur
de l'eau est une qualité indispensable, et que sa filtration,
aussi bien que son épuration chimique, sont économiquement impossibles.

La pression naturelle qui est l'apanage du troisième système d'alimentation, permet, sans frais aucuns, de tenir les
tuyaux de distribution constamment en charge, et d'élever
l'eau jusque dans l'intérieur des habitations. Ajoutons que ces
alimentations ont une durée, une existence pour ainsi dire per-
pétuelle, qu'elles ne peuvent être arrêtées ni par la guerre, ni par
le délabrement des finances, ni par les accidents. Enfin, s'il est vrai
que ce système demande généralement l'émission d'un capital
de fondation considérable, il ne faut pas oublier, d'autre part,
que les machines exigent un entretien et un renouvellement
considérables; que les appareils de filtration, même les plus
incomplets, nécessitent l'acquisition de vastes terrains, de
vastes constructions, une main - d'œuvre et un entretien
coûteux; enfin que, s'il s'agit de machines à vapeur, il y a
lieu à une consommation de combustible incessante; le dé-

veloppement de la richesse, de l'industrie d'une nation, tend à abaisser, par des gradations successives, le taux de l'intérêt des capitaux; tandis qu'il n'y a nulle atténuation à espérer dans l'avenir, pour les frais de main-d'œuvre et d'entretien.

Le Manzanares baigne les murs de Madrid; mais son volume et sa pente y sont trop faibles pour qu'on puisse en extraire une suffisante quantité d'eau au moyen d'appareils hydrauliques; d'autre part le combustible est, dans cette ville, d'un prix fort élevé; enfin, le Manzanares est parfois presque à sec; — on ne peut donc hésiter, il faut recourir à une dérivation.

Le choix entre les divers cours d'eau qui avoisinent Madrid, à savoir, le Guadarrama, le Manzanares, le Guadalix, le Lozoya et le Jarama, ne présente pas beaucoup plus de difficultés (1).

Préférence à accorder au Lezoya.

Le Lozoya, parmi ces cinq rivières, est la plus pure, la plus fraîche, et ce sont là, nous l'avons vu, des considérations tout-à-fait déterminantes.

La pureté du Lozoya emprunte une certitude incontestable au rapprochement suivant (2):

Sa pureté.

---

(1) Nous ne mentionnons même point, ici, l'alimentation par drainage, parce que c'est une méthode que les villes ne doivent employer qu'à défaut d'un bon cours d'eau dans leur voisinage. Cette méthode, à cause de l'irrégularité des pluies, entraîne d'ailleurs avec elle l'obligation de faire faire à l'eau de longs séjours dans de vastes réservoirs.

(2) Voici, une fois pour toutes, le rapport qui existe entre les principales mesures ou monnaies françaises et espagnoles:

Pied.	0m, 282 655.
Pied cube.	0m³, 022 lit. 4257.
Réal fontainier.	3m³, 380 lit. 2816.
Cuve.	0m³, 033 lit. 8028.
Lieue espagnole=20000 pieds=5,652 mètres.	
Le réal est comté à 0 fr. 26 c. 5 mil.	

		Sur un litre.	
		Résidu salin total.	Carbonate de chaux (1).
Eau consommée à Paris . .	{ Seine en amont. . . .	0.162	0.090
	{ Arcueil.	0.466	0.110
	(Canal de l'Ourcq. . .	0.415	0.111
—	Bordeaux.—Garonne.	0.152	
—	Montpellier.	0.263	0.212
—	Lyon. . . { Sources	0.251	0.223
	{ Rhône (hiver)	0.182	0.150
—	Kingston.—Hull	0.200	
—	Londres.— Tamise.		0.229
—	Edimbourg.		0.072
—	Glasgow.		0.063
—	Manchester		0.168
—	Clifton		0.253
—	Moyenne générale d'un très-grand nombre de villes Anglaises dont l'alimentation est réputée bonne.		0.114
—	Sunderland. — Eau de sondage réputée excellente. . . .		0.100
	LOZOYA	0.024	0.0064
			Air atmosphérique.
—	Paris. . . { Seine		0.003
	{ Arcueil.		0.004
	Lozoya.		0.020

Ainsi les eaux du Lozoya ont un avantage énorme sur toutes les eaux que nous avons mises en parallèle, et cependant ces eaux, à l'exception de celles d'Arcueil, de l'Ourcq et de la Tamise, passent pour être de bonne qualité, notamment celle de la Seine.

Son débit.

Une circonstance qui enlève toute hésitation à choisir le Lozoya, c'est son débit. Pas un des quatre autres cours d'eau les plus rapprochés de Madrid ne donne un volume d'eau suffisant, aux points où l'on devrait les dériver; le Lozoya n'est d'ailleurs point sujet, comme ses concurrents, à des baisses extraordinaires qui, dans certaines années, les mettent à peu de chose près à sec. A défaut du Lozoya, on serait donc obligé de recourir à deux cours d'eau à la fois, c'est-à-dire à deux dérivations; nous n'avons pas besoin d'insister sur les inconvénients qui en résulteraient.

---

(1) En Angleterre, c'est la quantité de carbonate de chaux en dissolution dans l'eau qui sert de mesure à sa crudité, à sa dureté (hardness). Un degré de crudité y équivaut à un grain par gallon (0 gr.. 014 par litre)

Établissement de la dérivation du Lozoya.

La première question que soulève la construction de la dérivation du Lozoya, c'est la détermination de son point de départ. Ici encore point d'hésitation ; la pureté, la fraîcheur, la limpidité du Lozoya, sont des qualités qu'il faut lui conserver à tout prix ; la dérivation devra donc avoir sa prise au-dessus du Ponton de la Oliva. Jusque là, son parcours à travers des roches l'a garantie de toute influence étrangère ; plus loin, cette même eau, dans le canal de Cabarrus, après un parcours de 6,357 kilomètres seulement, donne à l'évaporation un résidu de $0^{gr},037$ par litre, au lieu de $0^{gr},024$; en faisant la prise plus bas, on se mettrait d'ailleurs dans la nécessité de filtrer l'eau dans la saison des pluies, et l'on sait si cela est financièrement praticable.

Point de départ de la dérivation.

La seconde question, c'est celle de la quantité d'eau que devra débiter la dérivation du Lozoya.

Le volume tout entier du Lozoya à l'étiage est, au Ponton de la Oliva, de 60,370 mètres cubes en vingt-quatre heures, soit, par chaque habitant de Madrid, 300 litres par jour.

Ce volume déversé dans la dérivation sera-t-il suffisant pour pourvoir à tous les besoins de Madrid? Nous n'hésitons pas à nous prononcer pour l'affirmative.

MM. les Ingénieurs Rafo et de Ribera ont fixé à un chiffre plus élevé le débit minimum de la dérivation, à savoir 97,350 mètres cubes en vingt-quatre heures, soit, par chaque habitant de Madrid, 487 litres par jour.

Nous pensons qu'ils ont été involontairement préoccupés par les alimentations fastueuses de quelques villes d'Europe ou des États-Unis ; New-Yorck et Marseille n'ont certainement point été sans influence sur le chiffre qu'ils ont adopté. Or, nous le répétons, lorsque le cours d'eau dérivé pour les besoins d'une

Son débit minimum.

ville, présente un volume considérable, et qu'il est possible d'y
puiser, pour ainsi dire, sans compter, la mesure de l'eau que
s'approprie cette ville ne peut point être prise pour celle de ses
véritables besoins; toujours, dans de telles circonstances, il y
a prodigalité.

Mais Madrid est mal favorisée de la nature sous le rapport de
l'abondance des eaux; elle n'a pas une rivière considérable à sa
portée; le volume total de tous les cours d'eau qui l'avoisinent
ne présente encore qu'un chiffre médiocre. Cette ville ne peut
point exiger une quantité d'eau qu'elle ne saurait acquérir qu'en
sacrifiant la qualité ou en s'imposant d'énormes dépenses. Il
faut avoir conquis le monde entier et se plaire aux naumachies,
pour jeter dans une alimentation d'eau tout-à-fait dispropor-
tionnée avec ses besoins, les énormes sommes que l'antique
Rome a consacrées à ses aqueducs.

C'est d'une analyse positive que l'on doit induire la quantité
d'eau nécessaire à une ville; et l'on ne manque, pour y procéder,
ni de faits, ni d'observations, ni de chiffres.

En opérant ainsi, nous sommes arrivés, dans les considérations générales qui précèdent, à la limite supérieure de 150
litres par jour et par habitant, pour les besoins particuliers et
publics d'une ville placée à une latitude méridionale.

Mais augmentons encore ce chiffre, si l'on tient absolument
à avoir du superflu ou si l'on veut pourvoir à un grand accroissement éventuel de population, et portons à 200 litres pas
jour et par habitant les consommations réunies des particulier
et de l'édilité, de manière à dériver dans les rues de Madrid plus que de l'abondance; — nous n'aurons encore
absorbé que les deux tiers de ce que débite le Lozoya aux basses
eaux, et nous pourrons disposer du tiers restant, pour les irrigations des terrains desséchés qui forment la banlieue de
Madrid.

Ainsi le débit journalier, naturel, du Lozoya, pendant l'étiage,
est suffisant pour subvenir largement à tous les besoins de Madrid; le minimum du débit de la dérivation pourra donc ne

point surpasser le volume que conserve la rivière aux basses eaux.

Voici, pendant les cent jours de cette période, quelle pourra être la répartition des eaux de la dérivation :

Besoins des particuliers.. 17,103m. 3 par jour, soit 85 litres par habitant.
   id.   d'édilité. 23,148
Irrigations de la banlieue. 20,124

      TOTAL. . . . 60,370

A cette quantité, il convient d'ajouter celle dont Madrid dispose couramment dès aujourd'hui, et qui, pour la consommation des particuliers seulement, s'élève à 1,521 mètres cubes par jour (1).

Enfin, pendant 265 jours de l'année, la quantité d'eau dont on pourra disposer sera bien supérieure encore, et la dérivation pourra facilement livrer, au lieu de 60,370 mètres cubes, la quantité considérable de 108,000 mètres cubes par jour.

On voit en résumé qu'il est possible d'obtenir à Madrid, avec une seule dérivation, sinon une profusion d'eau, au moins des quantités de liquide supérieures au cube distribué dans un grand nombre de villes qui passent pour richement alimentées.

MM. les Ingénieurs Rafo et de Ribera ont indiqué le moyen de faire rendre à la dérivation non pas 60,370, mais 97,350 mètres cubes par jour. A cet effet, ils proposent d'établir dans le lit du Lozoya, en amont de la prise, de vastes réservoirs qui se remplissent pendant le printemps, à l'époque des hautes eaux, et se dégorgent pendant l'étiage, de façon à conserver d'une manière constante un débit moyen fort élevé.

Mais un pareil expédient fait pis qu'imposer des sacrifices

Inconvénients des réservoirs.

---

(1) Les porteurs d'eau tirent des fontaines publiques 26,000
cuves =. . . . . 1,216,901 lit.
Les particuliers. 304,225
                                      1,521,126

d'argent, il sacrifie la bonne qualité de l'eau ; en un mot, il est inacceptable, et la question est assez importante pour que nous le démontrions avec quelques développements.

L'eau qu'il s'agit de fournir aux habitans de Madrid doit être fraîche, doit être pure ; il semble que le simple énoncé de ces conditions suffise à prouver l'impossibilité de laisser stationner pendant longtemps un amas de quatre millions et demi de mètres cubes, sous le ciel d'Espagne et pendant la saison chaude. Cependant, non contents de ce que nous avons développé à cet égard dans nos considérations générales, nous allons citer de nombreux exemples propres à rendre cette impossibilité plus palpable.

A Toulouse où, comme nous l'avons expliqué, l'eau de la rivière est infiltrée dans de vastes puisards, au travers d'une couche d'alluvion, l'on ne songea pas dès l'abord à couvrir ces réservoirs ; voici ce qui en résulta ; nous laissons parler M. d'Aubuisson : « Les rayons du soleil y développaient une forte cha-
» leur, laquelle était encore augmentée par l'effet et la réverbé-
» ration des bords et des digues. Par suite, la végétation y
» acquit une vigueur extrême. Les divers moyens employés
» pour la détruire furent sans effet ; des reptiles s'y joignirent,
» et ces plantes, ces animaux, en mourant et en se putréfiant dans
» une eau tiède, la rendaient très-mauvaise. Il fallait se presser
» de porter un remède au mal ; encore un an, et il eût été into-
» lérable. L'eau était très-bonne en entrant dans le réservoir et
» viciée quand elle en sortait ; la forte chaleur et la lumière en
» étaient la cause manifeste ; il fallait l'attaquer ; on ne le pou-
» vait qu'en couvrant le réservoir ; j'en émis l'idée. »

Cette idée fut en effet réalisée, et M. d'Aubuisson ajoute : « Depuis qu'il a été ainsi disposé, la qualité de ses eaux s'est
» non-seulement rétablie, mais encore améliorée, la limpidité
» et la saveur en sont parfaites. »

On va voir maintenant comment l'eau stationnaire se comporte à Lyon, sous un ciel moins méridional cependant que celui de Toulouse.

Une partie des fontaines de la ville était alimentée par un grand bassin placé au Jardin des Plantes, alimenté lui-même par le Rhône ; l'eau n'y stationnait que sept jours et demi. Pourtant les habitants du quartier se plaignirent bientôt de la mauvaise qualité, du mauvais goût et de la mauvaise odeur de cette eau. M. le docteur Dupasquier, professeur de chimie à l'école de médecine, fut préposé à l'examen des faits (1) ; ses conclusions furent que cet état de choses provenait de ce que le bassin était découvert ; le limon de l'eau s'y déposait petit à petit. « A ce limon viennent se joindre encore, dit-il, la pous- » sière, les feuilles et les débris de toutes sortes qu'y apportent » les vents. Si l'on ajoute à cela que des poissons originaires » du Rhône y déposent leurs excrétions, que des myriades d'in- » sectes et d'infusoires sans nombre y laissent leurs dépouilles, » que des conferves et autres végétaux aquatiques en tapissent » les parois, et que ces débris s'y accumulent et s'y décomposent » avec ceux des autres matières organiques, on ne pourra moins » faire que d'assimiler ce bassin (quand il n'a pas été curé de- » puis quelque temps) à une sorte de marécage, et son eau à » une véritable eau marécageuse.

» L'eau qui est fournie par une machine hydraulique à un » certain nombre de fontaines sans communications avec le » Jardin des Plantes, ne diffère en rien de l'eau prise dans le » courant du Rhône ; elle n'est pas marécageuse et ne présente » d'autre saveur que celle produite par les matières terreuses » que l'eau du fleuve tient ordinairement en suspension. Celle » du bassin, au contraire, comme il est facile de s'en assurer » par une simple dégustation, est infecte, désagréable à boire, » marécageuse. C'est donc bien réellement dans le bassin que » celle-ci s'altère, prend une saveur repoussante et devient » insalubre.

---

(1) Voir *Des Eaux potables*, 1843, par M. Terme.

» J'ai dit insalubre, et je n'ai pas besoin de justifier cette
» expression, car personne n'ignore que l'usage d'une eau sem-
» blable à celle fournie en ce moment par plusieurs fontaines
» du quartier du Jardin des Plantes, est dangereuse pour la
» santé. La boisson des eaux qui sont ainsi infectées ne produit
» pas, il est vrai, des maladies immédiates, mais elle amène
» peu à peu un trouble des fonctions digestives, l'altération
» lente du sang et de toute l'organisation, et finalement ces
» affections dites putrides, ces fièvres graves que la médecine
» peut combattre, mais qu'elle n'est que trop souvent impuis-
» sante à guérir. »

M. Terme, médecin et maire de Lyon, après avoir cité l'exemple qui précède, ajoute dans un opuscule publié sur l'alimentation de cette ville (1) : « Les phénomènes physiques dont le
» bassin du Jardin des Plantes a été le siége et qui ont produit
» l'infection de l'eau, doivent être attribués pour la plupart à
» l'action de la chaleur atmosphérique s'exerçant avec une
» grande force sur un liquide immobile.

» L'expérience prouve jusqu'à la dernière évidence que le climat
» de Lyon nous interdit l'emploi des grands bassins découverts.»

Voici donc l'usage des bassins découverts condamné, même
lorsqu'il ne s'agit que d'y laisser stationner l'eau sept ou huit
jours, même lorsqu'ils sont placés sous au ciel aussi pluvieux
que celui de Lyon.

Pour en terminer avec cette ville, nous ajouterons que M. Terme, se basant sur la dépense du curage du bassin du Jardin
des Plantes, n'estimait pas à moins de 60,000 francs la dépense
annuelle de curage d'un bassin renfermant seulement 9,000
mètres cubes, et MM. Rafo et de Ribera ont projeté un bassin
qui renferme à lui seul 4,500,000 mètres cubes !

Ce n'est donc pas seulement le sacrifice de la bonne qualité
de l'eau qu'entraînerait le système dont nous cherchons à démontrer les inconvénients !

(1) *Des Eaux potables*, 1843.

Le climat du Nord, lui-même, s'oppose à ce que l'eau soit tenue au repos à ciel ouvert.

À Manchester, où l'on a construit un vaste bassin de vingt-quatre hectares où se rendent les eaux de pluie et celles de diverses sources du voisinage, les habitants, et cela a été révélé par M. l'ingénieur Mallet, se servent, pour la boisson et le blanchissage, des eaux de pluie qu'ils recueillent dans leurs demeures, ou d'eau de puits ; l'action du soleil sur le grand bassin en rend l'eau impotable, quoique ses rayons soient adoucis par les brumes du Nord.

Dans l'enquête faite sur la salubrité des villes Anglaises, il a été constaté que, dans les réservoirs établis pour le dépôt des particules limoneuses de l'eau, la vie animalculaire, signe certain de décomposition, était à peu près générale.

Le stationnement que les eaux subissent presque partout, en Angleterre, avant d'être consommées, en altère assez la bonne qualité, pour que l'on attribue en partie à cette cause les habitudes d'intempérance d'une partie notable de la population, à laquelle l'usage de l'eau pure, comme boisson, est pour ainsi dire inconnu.

Ainsi, en résumé, altération de la pureté, de la limpidité et de l'inodorance de l'eau, tel serait le premier résultat de l'établissement de bassins dans le lit du Lozoya ; il faut ajouter à ces inconvénients si graves, les dépenses du curage et de filtrage qui en seraient la conséquence forcée.

Nous ne terminerons pas sur ce point sans ajouter que la profondeur d'un réservoir, quoiqu'elle offre l'avantage de maintenir plus fraîches les couches inférieures de l'eau, ne suffit pas à les préserver des inconvénients que nous avons signalés. Le développement des végétations et les altérations qu'occasionnent la chaleur de l'air et le soleil, se manifestent dans les parties supérieures et se propagent avec une grande rapidité dans la masse.

Au reste, nous n'avons point épuisé tous les exemples capables de faire renoncer à cette disposition du projet ; nous

allons prouver que l'eau, même lorsqu'elle est en mou-
vement, ne conserve que difficilement les divers caractères qui
constituent sa bonne qualité, pour peu qu'on la fasse circuler à
ciel ouvert sous un ciel ardent.

Nécessité d'un
aqueduc couvert.

Ce sera prouver, en même temps, que si le projet de l'établissement de réservoirs dans le lit du Lozoya doit être complètement rejeté, il en doit être de même de l'idée d'établir, à ciel
ouvert, la conduite de dérivation.

A ciel ouvert, l'eau subit l'influence de toutes les variations de
la température : elle gèle en hiver, elle est chaude en été; l'évaporation est considérable, d'où résulte souvent un accroissement d'impureté chimique; plus souvent encore cette évaporation favorise la création de dépôts qui, activés par les variations
de température, ne tardent pas à obstruer le conduit; il s'y développe des végétations qui viennent diminuer la vitesse d'é-
coulement et obligent à forcer les dimensions de la section.
L'eau est souillée par des impuretés de toute nature qui y tom-
bent; sa qualité en est altérée.

Les réparations de la maçonnerie sont fréquentes et coû-
teuses. Les curages annuels interrompent le service pendant
une période assez longue et troublent l'eau pour un temps assez long; enfin, ce système exige une surveillance coûteuse.

Voici les renseignements que donnait, il y a quelques années,
sur l'aqueduc découvert de Gênes, M. le général du génie Chio-
do (1) : « Un curage de l'aqueduc a lieu tous les ans dans le
» mois de mai et dure ordinairement quinze jours pendant
» lesquels la distribution des eaux est entièrement suspendue.

» L'eau de l'aqueduc, en général coule à découvert, quoiqu'il
» y en ait des portions couvertes en dalles et voûtées, et même
» en galerie. Il y a longtemps qu'on parle de couvrir entière-
» ment l'aqueduc, afin qu'il y ait moins d'évaporation et pour

_____

(1) Voir sa lettre au maire de Lyon; *Des Eaux potables*, 1843, par M. Terme.

» avoir. l'eau plus fraîche en été, sa température étant dans
» cette saison beaucoup plus élevée que pendant l'hiver. On ne
» sait quand ce projet se réalisera.

» Il y a peu de maisons sans citernes. Elles sont alimentées
» par l'aqueduc; on les remplit ordinairement dans les mois d'hi-
» ver pour avoir de l'eau fraîche en été quand celle de l'aqueduc
» est chaude, au moins pour boire. »

Ainsi, faute d'avoir un aqueduc couvert, les habitants de
Gênes sont forcés de boire l'eau de citerne, et l'on sait combien
cette eau est malsaine (1).

Dijon, au contraire, ayant un aqueduc fermé, reçoit dans son
enceinte des eaux toujours fraîches et qui conservent, l'hiver,
une température de 11° de chaleur, alors même que le thermomètre descend à 15 et 16° centigrades au-dessous de 0.

Un avantage précieux que présentent encore les aqueducs cou-
verts et enterrés, c'est que la maçonnerie se solidifie peu à peu
pour arriver à une sorte de compacité presque semblable à celle
des poudingues naturels. Il en résulte pour ces galeries une
sorte de perpétuité qui a permis de ressusciter avec la plus
grande facilité certaines conduites romaines.

A Tlemcen, ville d'Afrique, il existe un aqueduc souterrain
tellement ancien qu'on ignore complétement d'où il tire les
eaux qu'il conduit.

Il ne faut pas se le dissimuler, avec des réservoirs dans le
lit du Lozoya et une conduite découverte, on n'amènerait à Madrid que des eaux chaudes et gâtées, et l'on n'en doutera pas,
quand on saura que le Rhône, dont les eaux ont une vitesse
considérable, prend fréquemment en été une température de

(1) La mauvaise qualité des eaux de la Léa qui sont amenées à Londres par
une dérivation de seize lieues, provient en partie de ce que cette dernière est
à ciel ouvert.

Il en est de même, en Angleterre, pour divers autres canaux dont les eaux,
pures à leur départ, arrivent fétides et impropres à la boisson. (Voir le rapport,
déjà cité, sur l'alimentation de la métropole Anglaise.)

24° centigrades, quoiqu'à Lyon, le thermomètre ne s'élève pas
à plus de 30 et 33° centigrades.

MM. les Ingénieurs Rafo et de Ribera connaissaient parfaite-
ment tous les inconvénients des conduites découvertes. Ils ont
persisté néanmoins, par raison d'économie, dans le choix d'une
rigole à ciel ouvert.

Nous ne croyons pas leur détermination suffisamment moti-
vée. Que Marseille, qui d'ailleurs n'est point une capitale, ait
reculé devant l'établissement d'une conduite couverte, on le
comprend aisément. La dérivation de la Durance débite aux
basses eaux, non pas 0$^m3$,700, ainsi qu'il en serait pour celle
du Lozoya, mais l'énorme volume de 5$^m3$,75 par seconde; il en
résulte des dimensions considérables, et, couvert, ce canal, déjà
grevé par des travaux d'art difficiles et importants, eût coûté
des sommes énormes.

Mais la conduite du Lozoya peut être réduite à une faible section. Il ne faut pas perdre de vue d'ailleurs qu'elle est appelée
à alimenter la capitale de l'Espagne, une ville habituée à con-
sommer des eaux fraîches, pures et limpides; et que tout moyen
qui n'assurerait point à l'eau dérivée ces traits caractéristiques
d'une bonne qualité, doit être rejeté comme n'atteignant
nullement le but indiqué, comme ne résolvant en aucune façon
le problème qui était proposé.

Enfin, il ne s'agit pas de suivre les errements des Compagnies
financières, exclusivement préoccupées, sous le vicieux régime
des concessions temporaires, de réduire leur capital de fondation et auxquelles il importe peu que les travaux durent beaucoup
au-delà du terme de leur concession, — mais d'un travail aux
charges duquel la communauté devra certainement contribuer;
d'une œuvre en quelque sorte éternelle. Pour des créations de cette
nature, le capital premier perd en importance tout ce qu'en
prennent les réparations, l'entretien, la surveillance, les curages, les filtrages, lorsque ces opérations doivent être inces-
samment répétées pendant un nombre d'années indéterminé.

Ce sont ces éléments de dépense sans cesse renaissants qu'il

faut réduire ou supprimer à l'avance, par une bonne constitu-
tion de travaux, par des constructions faites sur une base large
et rationnelle ; en se rappelant d'ailleurs que l'intérêt de ce capital de premier établissement ne peut que s'amoindrir avec
le développement que le temps apporte infailliblement à la richesse, au travail et à la circulation des produits.

Il s'agit maintenant de déterminer approximativement les dépenses qu'occasionnerait la construction d'un aqueduc entièrement couvert, qui prendrait l'eau du Lozoya au-dessus du
Ponton de la Oliva.
Nous commencerons par décrire en termes généraux le tracé
de la dérivation, sa pente, les dimensions de la conduite et son
mode de construction.

De la reconnaissance faite entre Madrid et le Ponton de la
Oliva, il résulte qu'entre la cote du sol de la porte Santa-Barbara
et celle d'une roche placée au bord du Lozoya, contre le Ponton
de la Oliva, à 3m,45 environ au-dessus des eaux de la rivière, il
y a une différence totale de 30m,35, soit 0m,0003 par mètre pour
la distance entière de 101,000 mètres. Mais on ne peut disposer
de toute cette pente pour le canal, parce que, d'une part, il faut
attribuer une certaine profondeur au réservoir où se rendront
les eaux avant leur distribution dans la ville, et que, de l'autre,
le sol de la porte Santa-Barbara est plus bas que le troisième
étage des maisons situées aux points les plus élevés de la ville.
Nous pensons qu'il est possible de diminuer les dimensions
que MM. Rafo et de Ribera ont adoptées pour le réservoir, et
conséquemment sa profondeur. C'est à tort que l'on y ferait séjourner l'eau ; elle s'y échaufferait et s'y corromprait ; il ne doit
contenir que la consommation d'un jour environ.
En réduisant à leur plus simple expression cette hauteur et
celle qui a été réservée pour les pertes de charges provenant de

Tracé
de la dérivation
et sa pente.

la résistance de l'eau, il ne reste encore que 21^m,86 de pente réellement disponible, soit 0^m,0002 par mètre.

Cette pente nécessiterait pour la conduite des dimensions trop considérables.

MM. Rafo et de Ribera, pour surmonter cette difficulté, tout en laissant la prise au Ponton même de la Oliva, surélèvent cette prise à une hauteur considérable, ce qui les oblige à la construction d'un barrage de 32^m,50 au-dessus du fond de la rivière.

La raison la plus concluante qu'ils allèguent à l'appui du maintien de la prise au Ponton de la Oliva, c'est que c'est le seul point de la rivière où il leur soit possible d'établir un vaste réservoir capable de contenir les 4,500,000 mètres cubes qu'ils retiennent pour les débiter pendant l'étiage. Le barrage établi au petit pont leur sert donc à deux fins.

Mais nous avons fait ressortir tous les inconvénients qui résultent de ce stationnement de l'eau dans une saison brûlante ; nous avons dit que cette eau n'arriverait que tiède à Madrid, tandis qu'elle devrait, en bonne hygiène, ne point dépasser une température de 10° centigrades ; nous ne saurions donc être arrêtés par les motifs qui retiennent MM. Rafo et de Ribera au Ponton de la Oliva : et nous croyons préférable, nécessaire même, de porter la prise en amont de ce point.

Le lit du Lozoya présente une pente de 0^m,0053 par mètre; il suffirait donc de remonter la prise de 6,000 mètres environ pour gagner 32 mètres de hauteur et obtenir une pente moyenne de 0^m,0005 par mètre pour un parcours total de 107,000 mètres.

A cette solution, il n'y a pas d'autre obstacle que quelques difficultés de terrain qui n'ont rien de très-sérieux.

Si nous nous basons sur une pente moyenne de 0^m,0005 par mètre, et si nous donnons à la conduite une largeur intérieure de 1^m,50 (fig. 1), l'eau s'élèverait à une hauteur de 0^m,20 au-dessus du centre de cette conduite et prendrait une vitesse de 0^m,80, pour le débit maximum, de 1^{m3},250 par seconde. Pendant l'étiage, l'eau resterait à 0^m,20 au-dessous du centre de la conduite et n'aurait plus qu'une vitesse de 0m,60 pour un débit d'environ 0m3,700 par seconde; — ces vitesses sont suffisantes.

En temps d'étiage, lorsque la conduite débiterait le minimum de 0m3,700, l'aire du profil de l'eau serait de 1m2,183, et le périmètre mouillé de 2m,755.

La conduite serait en béton d'une épaisseur de 0m,50. Sa construction serait facile et peu coûteuse.

La pierre ne manque point sur les lieux, et le cassage est une opération qu'on est habitué à faire en Espagne, pour la construction des routes.

La fabrication de la chaux hydraulique nécessiterait seule des connaissances et une pratique spéciales.

Ce mode de construction pourrait être susceptible d'une grande simplicité. Le béton, fabriqué par des machines mues à bras d'hommes ou par des manéges à chevaux, serait versé dans une forme qui, à l'intérieur comme à l'extérieur, affecterait celle de la construction. Elle serait faite en planches et serait retirée trois ou quatre jours après la pose du béton, suivant son degré de durcissement.

Mode
de construction.

En remblai, la conduite devrait porter sur un massif de maçonnerie qui l'embrasserait jusqu'en son milieu ainsi que l'indique la figure 2. Cette figure prendrait des formes diverses suivant la hauteur du remblai.

Soit en déblai, soit en remblai, la conduite devrait être recouverte de terre non végétale.

Il est difficile, sinon impossible, avec le peu de renseignements que nous avons entre les mains, d'établir avec exactitude le coût d'une pareille conduite; MM. Rafo et de Ribera n'ont eux-mêmes estimé que très-approximativement la dépense des travaux qu'ils proposaient et dont la longueur n'est point même rigoureusement connue.

Prix de la
construction.

Les chiffres que nous indiquerons relativement à la conduite couverte, ne peuvent donc être qu'un premier aperçu. Nous avons supposé que les prix élémentaires ne seraient point très-différents de ceux qu'un même travail coûterait en France, la fonte exceptée; il est probable, en effet, que si l'habileté des ouvriers est un peu moindre, la main-d'œuvre est moins coûteuse à Madrid qu'en France, d'où résulte une sorte de compensation.

Cela posé, nous établirons ainsi qu'il suit le devis préliminaire de la conduite couverte :

11,900 m. en souterrains	{ Beton . . . . 660,450 Percement . . . . . . 1,666,000 }		2,326,450
1,300 m. en aqueduc. . .	(Hauteur moyenne . . 15m50)		2,000,000
43,900 m. en déblai . . .	{ Beton . . . . 2,436,450 Terrassements . . . . 1,756,000 }		4 192,450
40,700 m. en remblai . .	{ Beton . . . . 2,258,850 Maçonnerie et terrass. 3,459,500 }		5,718,350
9,200 m. en rocher . . .	{ Beton . . . . 150,000 Ouverture . . . . . 252,000 }		402,000
107 000 m.			

Pour divers travaux d'art accessoires (1)	500,000
Barrage, prise d'eau, vannage, maison, etc. (2)	600,000
Acquisition de terrains	176,800
Indemnités diverses, direction des travaux, somme à valoir	1,500,000
Total . . .	17,416,050

soit environ 165,000 fr. par kilomètre.

(1) Dans l'hypothèse d'une conduite couverte, divers travaux, tels que passerelles et autres, qui figuraient à ce chapitre dans le devis de MM. Rafo et de Ribera, sont supprimés.

(2) Nous estimons probablement ce chapitre à un chiffre encore trop élevé, car, dans leur avant-projet, MM. Rafo et de Ribera ont estimé à 260,000 fr. l'économie que l'on obtiendrait en réduisant de 5m,60 seulement l'élévation de la prise au-dessus du niveau de l'eau. Or, avec la disposition que nous proposons, la réduction doit être de beaucoup plus considérable.

Nous n'avons pas compris dans ce devis le réservoir de Madrid qui doit figurer dans l'évaluation des dépenses de la distribution dont nous allons nous occuper.

Distribution dans Madrid.

Il est une considération importante qui n'a point été présen-tée par MM. Rafo et de Ribera dans leur travail, à savoir l'intime connexion qui existe entre le système de distribution d'eau et celui des égouts d'une ville.

Nécessité de la reconstruction des égouts.

Ils ont fait ressortir la nécessité de ne point séparer les deux questions de dérivation et de distribution, et d'en faire une seule affaire, soit au point de vue de la construction, soit au point de vue financier.

Cette solidarité est, en effet, indispensable; mais elle doit s'é-tendre jusqu'aux égouts.

Il est presque indispensable que les conduites d'eau princi-pales soient placées dans ces derniers; de cette manière la sur-veillance, l'entretien et les réparations sont faciles; les fuites d'eau, les ruptures ne sont plus un danger; elles peuvent être signalées, arrêtées, réparées, aisément et promptement. Enfin, c'est le seul moyen d'éviter d'incessantes fouilles et d'incessants remaniements du pavé (1).

Mais comment coordonner les nécessités d'une nouvelle dis-tribution, avec les dispositions d'anciens égouts qui ne l'avaient point prévue?

(1) Avec l'emploi des tuyaux de poterie, les dépenses de fouille, terrasse-ment, soutènement, entrent à elles seules pour moitié dans la dépense totale. (Voir le rapport déjà cité de la commission de salubrité sur l'alimentation de Londres.)
Il convient d'ajouter que lorsqu'une portion de pavé est dérangée, on ne parvient plus à lui restituer la fermeté et la solidité qu'il avait; on donne bien un certain bombement en prévision du tassement, mais ces prévisions ne se réalisent jamais mathématiquement, d'où des inégalités de niveau et les dété-riorations qui en résultent.

Leur pente, leur direction, leur profondeur sous le sol, rien n'est propre à une répartition raisonnée de l'eau.

D'ailleurs, que l'on y place on non des conduites d'eau, lorsqu'on établit une nouvelle distribution, il n'est guère possible de compter sur les anciens égouts.

Une alimentation plus parfaite augmentant considérablement le volume des écoulements de la ville, ces égouts deviennent insuffisants.

C'est moins possible encore quand les égouts sont employés, (et nous pensons que tel sera tôt ou tard leur rôle) au charriage des boues, matières fécales et détritus de toutes natures.

Comment trouver les conditions voulues de dimensions, inclinaisons, et même de forme et matériaux, dans un vieux système de conduites, où, quelques dispositions moins anciennes, mal entées sur des conduites d'un âge reculé (1), forment un tout dont il est si difficile de tirer bon parti, que ce n'est qu'à l'aide de chasses multipliées, d'une main-d'œuvre incessante et d'une grande dépense d'eau, qu'il est possible de réduire les obstructions et les dépôts qui s'y accumulent.

Au reste, il est si vrai qu'on ne doit pas compter sur les anciennes conduites, que, quoique la plupart des villes ne leur confient pas encore la vidange générale de leurs immondices, et ne jouissent, d'ailleurs, que de faibles alimentations, cependant il en est peu où les orages ne causent des dégâts considérables par suite du trop plein des égouts.

---

(1) De 1707 à 1827. on n'a construit dans la cité de Londres que 16 kilom. d'égouts; on en a établi 39 kilom. dans la seule période de 1827. (époque à laquelle les waterclosets étaient déjà d'un usage général) à 1847. Malgré ces conditions favorables, leurs dispositions sont assez vicieuses pour que MM. Walker, Cubitt et Brunel attribuent la plus grande partie des inconvénients graves qu'ils présentent, au défaut de pente et débit convenables, et à celui d'un système d'ensemble préconçu et bien coordonné.

Hambourg est peut-être la seule ville du continent où il y ait un système bien raisonné d'égouts. Elle le doit au grand incendie qui l'a dévorée il y a peu d'années. Ce n'est également qu'à dater du grand incendie de 1666 que Londres a pu établir un système d'égouts jusqu'à un certain point coordonnés.

Il serait à désirer qu'une bonne administration sût réaliser d'avance ce qui n'a été jusqu'ici que la conséquence de semblables sinistres.

Les villes ont un grand intérêt à assurer de faciles écoulements à leurs eaux et aux matières qu'elles entraînent; toujours la santé publique laisse à désirer là où l'eau s'écoule mal. C'est à l'absence de moyens suffisants d'écoulement des eaux publiques, qu'on attribue les fièvres qui ravagent Rome.

New-York, depuis qu'elle a dérivé le Croton dans ses murs, souffre réellement de son abondance d'eau. Faute d'avoir établi un système connexe d'égouts, ses caves sont inondées, ses rez-de-chaussées humides.

Lorsque le sol d'une cité est mal égoutté, il en résulte deux causes de maladies et de mal-être; l'une directe : c'est l'humidité et les émanations putrides qu'elle engendre; l'autre, plus dangereuse encore : ce sont les infiltrations qui viennent vicier la qualité des eaux de puits, et les gaz fétides qui sont la conséquence des dépôts et des obstructions.

Concluons qu'il faudra nécessairement reconstruire les égouts de Madrid, pour le plus grand nombre, sinon en totalité, et que cette reconstruction doit en général figurer en première ligne parmi les dépenses d'alimentation d'une ville. Marseille se voit obligée de subir une semblable nécessité (1).

Examinons quelle serait approximativement, pour la ville de Madrid, la dépense d'une reconstruction d'égouts.

Dépense de la reconstruction des égouts.

Madrid a 200,000 habitants et 8,000 maisons. En comparant ces éléments à ceux de Paris, qui, pour un million d'habitants et 29,526 maisons, possède un réseau de 135,900 mètres d'égouts, on serait porté à en induire pour Madrid un développe de 36,000 mètres environ; on lui attribuerait la même longueur d'égouts, si on la comparait à la Cité de Londres qui, pour

---

(1) Voici l'opinion de la Commission générale de la salubrité (*Rapport sur l'alimentation de la métropole*, 1850) sur cette question :

« Il est démontré que les égouts publics, quand ils ne sont pas en connexion intime avec les égouts des maisons, et ceux-ci avec les appareils et les conduites d'alimentation, ne sont autre chose que de longues fosses d'aisance et de vastes cloaques. »

une population de 125,000 habitants et 16,000 maisons, a construit une longueur d'égouts de 71,000 mètres; enfin on serait disposé à n'attribuer à Madrid qu'un développement d'un peu plus de 20,000 mètres d'égouts si on comparait cette ville à Londres tout entier, qui, pour une population de 1,900,000 âmes logée dans 288,000 maisons, ne possède que 639,000 mètres d'égouts environ.

Mais d'une part le sol de Madrid est naturellement mieux disposé, plus déclive que ceux de Paris et de la Cité de Londres ; il faut compter d'ailleurs que l'on pourra tirer parti de bon nombre des égouts existants. Pour ces causes nous nous baserons sur un développement à nouveau d'environ 15,000 à 16,000 mètres. Ce chiffre est à peu près celui adopté pour Marseille, dont la population est peu différente de celle de Madrid.

A Paris, les égouts ont été construits à raison de 85 à 90 fr. le mètre courant ; nous supposerons pour Madrid, le prix de 80 fr., soit donc pour la reconstruction des égouts de Madrid, $15,000 \times 80 = $ fr. 1,200,000 (1).

(1) Nous ne nous dissimulons pas que ce chiffre de 80 fr. est fort élevé. Il est, en effet, afférent à des égouts en pierres meulières et de grandes dimensions, tels qu'on les exécute à Paris ; nous le maintenons toutefois afin de nous tenir au-dessus de toutes les éventualités, y compris celle d'un renouvellement presque intégral des égouts de Madrid.

Les nombreuses expériences faites en Angleterre laissent à peu près hors de doute que l'on peut attendre d'excellents services des tuyaux de petit diamètre en poterie vernissée qui, ne présentant point les ressauts et rugosités des briques ou autres matériaux, permettent, tout en favorisant l'écoulement, de réaliser une économie de 1/3 à 1/2. Suivant ce système, le coût total d'une rénovation des égouts de Londres (288,000 maisons à raison de 6 à 7 habitants par maison), ne coûterait que 18 millions de francs. (Voir *Rapport de la Commission générale de salubrité sur l'alimentation de la métropole.* — 1850.)

Ces poteries, qui offrent d'ailleurs cet avantage que les égouts qu'elles constituent, peuvent servir encore, même après avoir été remaniés présentent une résistance remarquable et tout à fait rassurante.

Nous lisons dans l'*Essai sur les égouts de Bruxelles*, de M. Versluys, qu'un de ces tuyaux ($0^m,30$ de diamètre, et $0^m,01$ d'épaisseur), placé à $0^m,80$ de profondeur sous une traverse de chemin de fer dans la gare du Nord à Bruxelles, supporta pendant huit jours la circulation des machines locomotives avec tenders, sans présenter la moindre altération, quoiqu'on eût poussé l'expérience jusqu'à faire stationner une machine, pendant un quart d'heure, immédiatemen au-dessus du tuyau.

MM. Walker, Cubitt et Brunel (*Rapport sur les égouts de Londres*), qui

Il s'agit maintenant d'estimer approximativement la dépense qu'occasionnerait la distribution elle-même.

Le réservoir ou bassin de distribution, que nous supposons ne devoir renfermer que la consommation d'un jour, et nous en avons donné le motif plus haut, coûtera environ. . 1,200,000 f.

Dépense d'établissement des conduites de distribution.

Le développement des conduites est, jusqu'à un certain point, proportionnel au périmètre d'une ville, et conséquemment au nombre des habitants, à densité égale.

A reporter. . . 1,200,000 f.

se sont prononcés pour le maintien, dans cette ville, des égouts à grande section, avec corollaire obligé de chasses et curages à bras d'hommes, conseillent les sections suivantes pour les conduites en briqués · — pour les conduites principales, 1".525 sur 0",915 ; — pour les conduites secondaires et courtes, 0",915 sur 0",610 — ; pour les conduites particulières des maisons, 0",228 de diamètre. Ils conseillent en outre un fond plat comme rendant le nettoyage plus commode, s'usant plus également et étant plus favorable à l'entraînement des matières solides.

À Hambourg, les sections adoptées pour les conduites principales, sont de 1",830 sur 1",525, et, pour les conduites secondaires, de 1",370 sur 0",686.

Dans le rapport de la Commission de salubrité sur l'alimentation de Londres, nous lisons que, pour la reconstruction des égouts de cette ville, on propose d'appliquer les tuyaux de poteries aux grands égouts tout aussi bien qu'aux égouts secondaires ; ces tuyaux auraient depuis 0",102 pour les égouts des maisons, jusqu'à 0",610 pour les égouts principaux.

Nous ne sommes pas éloignés de conseiller l'application de la poterie aux égouts publics secondaires, à ceux qui ne reçoivent point la décharge d'autres égouts publics.

Quant aux égouts principaux, nous croyons, jusqu'à plus ample expérience, qu'il est prudent de leur conserver de grandes sections.

Ainsi construits, les égouts sont commodes à visiter et à réparer ; faciles aussi à dégager s'il s'y manifeste quelques-unes de ces obstructions tenaces, formées d'un mélange de gravier et de quelques gros débris de matériaux mêlés à des détritus de toute nature, obstructions dont il n'est pas suffisamment prouvé que les tuyaux de poteries soient complètement exempts.

Il est prudent aussi de faire la part des orages effrayants qui dépassent toutes les prévisions.

Les grands égouts présentent l'avantage d'y placer les conduites d'eau et même de gaz, et de les visiter.

Enfin, ils dispensent, par leur perméabilité relative, de l'adjonction de tuyaux perméables que l'on est forcé de faire aux poteries, afin de drainer les surfaces non bâties des villes.

A Paris, ce développement est d'environ :
436,000 mèt. pour 1,000,000 habitants.

A Marseille (projet), 53,551 mèt. pour 185,000
habitants.

A Toulouse, 15,960 mèt. pour 50,000 habitants.

A Metz (projet), 15,700 mèt. pour 50,000 habitants.

Le développement des conduites de Paris est,
comme on voit, relativement considérable ; ce
qui est une conséquence des dispositions assez
mal coordonnées de ses égouts. Le chiffre adopté
pour Marseille semble devoir être plus rationnellement offert pour exemple à une ville qui établirait son système d'égouts à nouveau ; la proportion du développement des conduites au nombre
des habitants, y est d'ailleurs à peu près semblable
à celle qu'on remarque à Toulouse.

Nous pensons devoir, par hypothèse, nous
arrêter au chiffre de 50,000 mèt. pour la longueur
totale des conduites principales et secondaires.

Mais à quel prix estimerons-nous le mètre courant ?

A Paris, chaque mètre de tuyaux a coûté 27 f.
pour un débit minimum de $0^{m3},65$ par seconde ; à Marseille, 55 fr. pour $1^{m3},50$; à Madrid, le débit minimum serait de $0^{m3},70$.

Le débit ayant une influence directe sur le diamètre des tuyaux, il en résulte que c'est le prix
d'établissement de Paris qui serait le meilleur
terme de comparaison. Mais la fonte est chère à
Madrid ; il ne faut donc pas compter sur un prix
moindre que 40 fr. le mètre ; 50,000 × 40 =   2,000,000

A reporter.... 3,200,000 f.

| | Report. . . . | 3,200,000 |

Ce prix comprend d'ailleurs les bornes-fontaines.

| Quant aux fontaines, nous les estimons à . . . | 500,000 |
| Total pour la distribution (1) . . . | 3,700,000 f. |

En résumé, pour alimenter d'eau la ville de Madrid, il y aurait suivant nous à faire les dépenses suivantes :

Récapitulation
des diverses
dépenses.

Dérivation.	17,416,050 f.
Egouts	1,200,000
Distribution	3,700,000
TOTAL.	22,316,050 f.

Soit en nombre rond, vingt-deux millions cinq cent mille
francs.

Mesures financières.

La somme totale à laquelle s'élèveraient les dépenses diverses
nécessaires pour fournir d'eau la ville de Madrid, paraîtra certainement élevée, si l'on vient à considérer le cube auquel elle
s'applique; mais d'autre part, la quantité d'eau que peut fournir le Lozoya est fort considérable, relativement à celle dont
jouit Madrid en ce moment, cette rivière étant, comme nous
l'avons vu, capable de fournir bien au-delà du nécessaire, une
eau aussi fraîche que limpide.

Devant de pareils avantages, une ville, une capitale surtout,
ne peut point reculer ; Marseille moins peuplée que Madrid,
moins riche d'ailleurs et ne renfermant pas, comme Madrid, le
siége du gouvernement dans ses murs, a entrepris avec ses
propres ressources, une dérivation de vingt lieues (80,000 m.),

Exécution
par la
municipalité.

(1) Il serait probablement possible de réduire ce chiffre par l'emploi de
tuyaux en poteries, sinon pour les conduites principales, au moins pour les conduites secondaires; mais nous avons voulu nous tenir au-dessus des éventualités.

avec tous les frais d'égouttage et de distribution. Il est vrai que Marseille souffrait d'une véritable pénurie d'eau, mais Madrid est loin d'être bien partagée à cet égard. Ajoutons que la dépense de Marseille peut être évaluée à 30 millions, et qu'il n'en coûterait que 23 au plus à Madrid.

Nous pensons donc que la municipalité de Madrid peut et doit tout aussi bien que celles de Paris, Marseille, Toulouse et tant d'autres villes, entreprendre la dérivation et la distribution des eaux qui sont nécessaires au siége du gouvernement espagnol ; ce sont là des œuvres essentiellement locales et municipales ; d'ailleurs elle pourrait le faire avec une facilité d'autant plus grande, qu'elle trouverait de grands consommateurs dans le gouvernement et dans la couronne, qui, paraît-il, consentiraient à payer, en cinq ans, chacun une somme de 2,600,000 francs, soit en tout 5,200,000 francs, à la condition d'être mis en jouissance d'une quantité d'eau équivalente.

Resterait donc, pour la part de la municipalité, à pourvoir à une dépense d'environ 17 millions.

Si, comme il est probable, elle ne pouvait y subvenir avec ses ressources actuelles, elle pourrait procéder à un emprunt pour lequel le gouvernement lui viendrait sans doute en aide. Pour rémunérer et amortir ce capital, elle aurait d'abord le produit de la vente et de l'aliénation d'une certaine quantité d'eau ; puis, pour le complément, elle devrait choisir entre deux systèmes, celui de la ville de Marseille pour citer un exemple, c'est-à-dire l'établissement de péages sur les marchandises et fournitures diverses destinées aux habitants de la ville ou en transit, et un autre système bien préférable à notre avis, récemment proposé au gouvernement Anglais par les commissaires de l'enquête sur la salubrité des grandes villes, et qui consiste à frapper une taxe sur les propriétaires des maisons de la cité.

Quant aux versements anticipés, effectués spontanément par un très-grand nombre de citoyens de la ville, désirant obtenir des concessions d'eau, c'est un moyen dans lequel nous n'avons pas la même confiance que MM. Rafo et de Ribera; nous en donnerons le motif tout-à-l'heure.

En somme, rien ne fait obstacle à ce que la municipalité se charge seule d'amener l'eau à Madrid et de l'administrer; cependant, nous pensons que la véritable solution n'est pas là; nous pensons qu'il y aurait avantage, et pour la municipalité et pour les citoyens eux-mêmes, à ce qu'on laissât, dans la réalisation de cette œuvre, une certaine part à l'initiative individuelle, à l'intérêt privé. Nous croyons que rien ne saurait remplacer cet élément vivifiant qui est nécessaire pour activer l'achèvement des travaux et pour, ceux-ci terminés, surexciter le développement des abonnements, par des abaissements de tarif, par des commodités nouvelles, et en général par tous les moyens que l'activité et l'énergie prêtent au génie commercial. Notre avis est donc qu'il serait utile que la municipalité traitât avec une entreprise particulière qui se chargerait de la confection des travaux et du service des eaux; cette entreprise serait tenue de fournir à la ville, pour les besoins d'édilité, y compris ceux des classes pauvres, une quantité d'eau déterminée, versée sur des points désignés; elle serait tenue d'ailleurs d'établir dans la ville les égouts qui seraient jugés nécessaires, et de poser des conduites d'eau dans toutes les rues et ruelles. Pour la couvrir, la municipalité établirait, à son profit, une taxe répartie sur tous les propriétaires des maisons. Resterait à ces derniers à traiter avec l'entreprise, pour la fourniture de l'eau, qui pourrait être réglée suivant des tarifs maxima (1).

MM. Rafo et de Ribera pensent qu'il serait facile d'obtenir des propriétaires de Madrid une souscription annuelle de

(1) Une Compagnie de cette nature pourrait se charger, à la demande des propriétaires, de l'établissement des conduites et appareils particuliers aux maisons, le tout, moyennant redevance annuelle. Il en résulterait l'avantage d'un système unique et bien coordonné.

1,040,000 fr. pendant cinq ans que dureraient les travaux, soit en tout 5,200,000 fr. qui diminueraient d'autant le capital de fondation de la Compagnie ; ils sont convaincus, de plus, que les abonnements prendraient rapidement une grande extension. S'il en était ainsi , la taxe frappée sur les propriétaires des maisons pourrait être rapidement supprimée , mais nous ne partageons pas leur confiance à cet égard.

A Toulouse, aussi, les propriétaires avaient manifesté avant et pendant l'exécution des travaux d'alimentation d'eau, un vif empressement de devenir concessionnaires ; mais lorsqu'ils virent une eau pure et fraîche , débitée gratuitement à peu de distance de leurs portes, ils renoncèrent pour la plupart aux abonnements et, longtemps après l'achèvement des travaux, la vente de l'eau ne couvrait pas encore les frais d'entretien et de personnel.

Nous avons cité, d'ailleurs, dans nos considérations générales, l'exemple de la plupart des villes où il y a des distributions ; il en ressort que le nombre des maisons payantes est faible, même dans les villes où il n'existe pas d'eau distribuée gratuitement ; mais l'eau banale, lorsqu'elle est versée à proximité et en abondance, exerce sur les propriétaires une irrésistible tentation de se dispenser des embarras et débours qu'entraînent les distributions à l'intérieur ; et cette négligence est surtout à craindre dans une ville peu travailleuse, peu industrielle, où le temps n'a point grande valeur.

Si nous insistons sur ce point, c'est qu'il nous a semblé que l'on se faisait à cet égard, à Madrid, une illusion qui pourrait avoir des conséquences funestes, si elle intervenait dans les arrangements financiers que nécessitera l'alimentation d'eau de cette capitale.

Produit
des concessions — Nous croyons que l'on ferait une erreur grave en estimant à plus du tiers de la population de Madrid, le nombre des habitants payants ; de longtemps cette proportion ne saurait être

dépassée; on se tromperait plus gravement encore en comptant qu'ils achèteront chacun plus de 70 litres par jour.

En partant de ces deux chiffres, que, pour notre part, nous regardons comme élevés, et admettant avec MM. Rafo et de Ribera le prix de 0 fr. 20,5 mill. par mètre cube d'eau concédée par jour (1) soit 75 f. par an, nous serions disposés à évaluer le produit à attendre de la vente des eaux, de la manière suivante :

Concessions aux maisons particulières, par jour, y compris les besoins industriels, 5,000 m. c. à 75. 375,000

Concessions pour irrigations (1/2 prix) 10,000 m.c. à 37,50 375,000

Soit produit brut. . . . 750,000

Déduisant les frais d'administration, d'entretien des conduites, etc., il resterait au maximum un produit net de 600,000 fr., pour le capital d'environ 17,000,000 fr. auquel nous avons vu que se réduisait la part de la municipalité; — l'établissement d'une taxe municipale est donc tout-à-fait obligatoire, pour les premiers temps au moins.

(1) Les porteurs d'eau tirent des fontaines publiques de Madrid 1,216,901 litres par jour, pour lesquels il leur est payé annuellement 1,060,000 francs, soit environ 2 fr. 40 c. le mètre cube.

Le prix de 0 fr. 205, admis par MM. Rafo et de Ribera, porte la dépense annuelle de chacun des 70,000 habitants que nous avons supposé s'abonner à raison de 70 litres par jour, à environ . . . . 5 fr.

A quoi il faut ajouter, pour intérêt annuel et entretien des appareils d'alimentation et évacuation, élément qui, dans le projet d'alimentation perfectionnée de Londres, figure pour 1 fr. 20 c. seulement, par tête, environ . . . . 3.

Total. . . . . 8 fr.

Chiffre évidemment élevé.

A Londres, on paie, en ce moment, par tête, moyennement 7 fr. pour la fourniture d'eau seulement; mais le projet d'alimentation perfectionnée réduira de beaucoup ce chiffre.

A Paris, les concessions d'eau de Seine font ressortir à 1 fr. chaque mètre cube délivré.

6

RÉSUMÉ.

Nous nous résumons:

Nous pensons avec MM. Rafo et de Ribera, que l'eau doit arriver à Madrid par une dérivation unique et en vertu de la seule force due à sa pente.

Nous pensons avec eux, que c'est le Lozoya qui doit prêter ses eaux pures et limpides à cette dérivation.

Mais nous ne saurions approuver leur projet de former dans le lit du Lozoya un vaste réservoir de quatre millions et demi de mètres cubes, se remplissant au printemps et se dégorgeant pendant l'étiage, à seule fin d'augmenter le débit de la dérivation.

Nous n'approuvons pas davantage leur projet de conduire les eaux à Madrid dans un canal découvert.

Sous le ciel de l'Espagne, ce projet, s'il était réalisé, condamnerait Madrid à n'user que d'eaux chaudes et malsaines.

La bonne qualité de l'eau doit avoir le pas sur son prix de revient. C'est pour jouir de plus d'eau que l'on projette un vaste bassin d'eau morte; mais la bonne qualité de l'eau doit avoir le pas sur sa quantité.

D'ailleurs, le régime naturel du Lozoya est suffisant et au-delà pour, en tout temps, subvenir aux besoins les plus larges de la population et de la ville de Madrid. MM. Rafo et de Ribera ont estimé trop haut (487 litres) la quantité d'eau nécessaire.

En la portant à 300 litres par habitant, nous la répartissons de la manière suivante :

Eau pour les besoins particuliers	17,000 m. c.	et par habitant 85 lit.
Besoins d'édilité	23,000 m. c.	et par habitant 115 lit.
Irrigation de la banlieue	20,000 m. c.	et par habitant 100 lit.
Total	60,000 m. c.	et par habitant 300 lit.

en outre de la consommation actuelle de Madrid.

Quand Madrid aura pris une extension considérable, et sera

devenue ville industrielle, si jamais chose pareille se réalise, ce débit minimum de 60,000 mètres cubes suffira encore à ses besoins les plus larges, c'est notre conviction; mais supposons qu'il n'en soit pas ainsi, alors, plutôt que de l'alimenter avec de mauvaise eau, il serait préférable, pendant les mois de sécheresse, d'y verser celle du Jarama, moyennant un canal de 5,650 mètres, et deux appareils hydrauliques; on a calculé qu'il serait possible d'en élever à la hauteur de la porte Santa-Barbara, une quantité de 36 lit. 96 par seconde, soit par jour pour chacun des habitants de la ville 16 litres environ; la dépense première ne serait que de 1,560,000 fr. C'est là certes un complément notable. On ne puiserait cette eau que pendant les jours d'étiage, quand ce serait indispensable; et il convient d'ajouter qu'à cette époque, le Jarama donne probablement des eaux belles et limpides.

Consultée par le conseil de la ville d'Edimbourg sur la question de savoir s'il convenait que cette ville tirât directement son eau d'un des petits cours d'eau qui la touchent, ou bien qu'elle dérivât l'eau de sources assez éloignées, mais d'une grande pureté, une réunion d'ingénieurs et de savants convoqués spécialement, décida à l'unanimité qu'il était convenable de recourir aux eaux les plus pures d'abord, sauf à avoir recours plus tard, si c'était nécessaire, aux petites rivières voisines.

Nous pensons donc qu'il faut porter la prise de la dérivation du Lozoya à une certaine distance en amont du Ponton de la Oliva, et gagner ainsi une différence de niveau qui dispense d'élever à grands frais un barrage dont le résultat serait la formation d'une immense étang d'eau dormante, où le développement d'une végétation bientôt suivie de vie animalculaire, ajouterait à l'échauffement de l'eau un élément à peu près irrémédiable d'impureté; nous pensons en outre qu'il faut que la dérivation soit tout entière composée d'un conduit en béton dont la construction serait d'ailleurs peu dispendieuse.

Il convient de comprendre dans la dépense d'alimentation de Madrid les frais de reconstruction des égouts, dont le système

est trop complètement solidaire avec celui de la distribution pour
en être scindé.

La dépense totale du projet, tel que nous le recommanderions,
s'élèverait à 22,500,000 fr. savoir :

Rigole de distribution. 17,600,000

Egouts. 1,200,000

Distribution dans Madrid. 3,700,000

22,500,000

Le devis de MM. Rafo et de Ribera, selon les dispositions les plus
rapprochées du nôtre, s'élèverait à 20 millions sans les égouts,
que nous évaluons à 1,200,000 fr., soit à 21,200,000 en tenant
compte de cette dépense. Mais cette analogie entre leurs chiffres
et les nôtres n'est qu'apparente. Leur canal est revêtu et non
couvert. Il conduit 97,350 mètres cubes d'eau par 24 heures ;
nous nous bornons à 60,370 mètres cubes.

Nous sommes d'avis, en outre, que la municipalité prenne
l'initiative de l'entreprise qui a fait l'objet de notre examen ; c'est
elle qui, pendant un grand nombre d'années peut-être, absorbera
tant pour les besoins d'édilité que pour ceux de la classe pauvre,
la plus grande partie de l'eau.

Mais nous regardons comme également essentiel que,
dans l'intérêt de tous, elle confie à l'activité d'une Compagnie
financière la construction des travaux et l'exploitation des eaux.

Enfin nous pensons qu'elle devra venir en aide à cette Compagnie, en percevant à son profit une taxe sur les propriétaires
des maisons. Il est vrai que MM. Rafo et de Ribera ont estimé à
2,675,000 fr. le revenu annuel qu'il y aurait lieu d'attendre de
la vente de l'eau à Madrid, mais nous ne partageons par leurs
espérances. Nous croyons être encore au-dessus des probabilités
en estimant au tiers de la population le nombre des habitants
qui, dans les premiers temps, achèteront soixante-dix litres par

jour, y compris les besoins des grands consommateurs; or, en les taxant à raison de 0 fr. 205 par mètre cube et en ajoutant au produit qui en résulte, un produit égal pour les irrigations de la banlieue, on n'arriverait encore qu'à un revenu net annuel de 600,000 francs environ, pour le capital de 17 millions qui resterait à la charge de la municipalité, si l'on suppose que le gouvernement et la couronne contribuent ensemble pour une somme de 5,200,000 fr.

TABLE DES MATIÈRES.

PARIS. — IMPRIMERIE CENTRALE DE NAPOLÉON CHAIX ET Cie, RUE BERGÈRE, 20.

www.ingramcontent.com/pod-product-compliance
Lightning Source LLC
Chambersburg PA
CBHW070903280326
41934CB00008B/1558